KB061993

고통 없는 사회
왜 우리는 삶에서 고통을 추방하는가

고통 없는 사회

왜 우리는 삶에서 고통을 추방하는가

한병철

이재영 옮김

김영사

일러두기

- 독일어판의 제목이자 본문에서 '진통사회'로 번역한 독일어 단어는 Palliativgesellschaft이다. palliativ는 '신체의 문제나 병을 치료하는 것이 아니라 그 증상인 고통만을 완화하거나 제거하는 것을 목적으로 삼는, 즉 진통(鎭痛)을 의도하는' 것을 뜻한다.
- 원문의 이탤릭은 고딕으로, '»«'는 큰따옴표로 표기했다.

인간에게는 몸의 모든 느낌들 가운데 고통만이 배를 타고
운행할 수 있는 강, 인간을 바다로 이끌어주는 마르지 않
는 물을 지닌 강과 같다. 인간이 쾌감을 좇으려고 애쓰는
곳 어디서나 쾌감은 막다른 길임이 밝혀진다.

_발터 벤야민

고통공포

네가 고통과 어떤 관계를 맺고 있는지 말하라, 그러면 네가 누구인지 말해주겠다![1] 에른스트 윙어의 이 구절은 사회 전체에 적용될 수 있다. 우리가 고통과 맺고 있는 관계는 우리가 어떤 사회에서 살고 있는지를 폭로한다. 고통은 암호다. 고통에는 각각의 사회를 이해하는 열쇠가 담겨 있다. 따라서 모든 사회비판은 고통을 해석하는 작업을 수행해야 한다. 고통을 오로지 의학에만 맡길 때, 우리는 고통이 기호로서 갖는 성질을 놓치게 된다.

오늘날 어디서나 **고통공포** Algophobie, 즉 고통에 대한 전반적인 두려움이 지배하고 있다. 고통에 대한 내성도 급속하게 약화되고 있다. 고통공포는 **만성 마취**를 초래한다. 모든 고통스러운 상태가 회피된다. 이제는 사랑의 고통조차 의심스러운 것이 되었다. 고통공포는 사회적인 것에도 적용된다. 고통스러운 대결을 초래할 수 있는 갈등이나 논쟁은 갈수록 설 자리를 잃어간다. 고통공포는 정치까지 장악한다. 일치 강제와 동의 압박이 심해진다. 정치는 일종의 진통지대에 자리를 잡고 활력을 모조리 상실한다. "대안의 부재"라는 주장은 정치적 진통제Analgetikum로 작용한다. 막연한 "중도"가 진통작용을 한다. 논쟁하고 더 나은 논거를 찾기 위해 싸우는 대신, 우리는 체제의 강제에 투항한다. 탈민주주의가 확산된다. 탈민주주의는 **진통적인 민주주의**다. 그래서 샹탈 무페는 고통스러운 대결을 피하지 않는 "경합적 정치agonistische Politik"를 요구한다.[2] **진통적인 정치**는 고통을 줄 수 있는 비전이나 **날카로운** 개혁을 추구하는 능력이 없다. 그보다는 오히려 체제의 기능장애나 불화를 그저 은폐할 뿐인, 단기 효과만 지니는 진통제를 움켜쥘 뿐이다. 진통적인 정치는 **고통을 감수할 용기**가 없다. 그 결과, 동일한 것이 지속된다.

오늘날의 고통공포는 패러다임의 전환에서 기인한다. 우리는 모든 부정성의 형식을 떨쳐내고자 하는 긍정성의 사회에서 살고 있다. 고통은 부정성 그 자체다. 심리학 또한 이 패러다임의 전환을 추종하여 "고통의 심리학"인 부정심리학에서 평안과 행복, 낙관주의를 다루는 "긍정심리학"으로 넘어간다.[3] 부정적 생각은 피해야 한다. 즉시 긍정적 생각으로 대체해야 한다. 긍정심리학은 고통마저 성과 논리에 종속시킨다. 회복력Resilienz이라는 신자유주의적 이데올로기는 트라우마의 경험을 성과 향상을 위한 촉매로 만든다. 심지어 트라우마 뒤에 오는 성장이라는 말까지 사용되고 있다.[4] 영혼의 힘을 훈련한다는 회복력 트레이닝의 목표는 인간을 최대한 고통에 무감각하며 언제나 행복한 성과주체로 만드는 데 있다.

긍정심리학의 행복 임무는 약품으로 만들어낼 수 있는 지속적인 안락함의 오아시스와 자매관계를 맺고 있다. 미국의 오피오이드 사태(미국에서 마약성 진통제를 통칭하는 오피오이드가 과다처방되어 특히 2016년과 2017년에 수만 명의 미국인이 사망한 것을 말한다—옮긴이)는 범례적인 성격을 지닌다. 이 사태를 일으킨 원인은 한 제약회사의 물질적 탐욕에만 있는 것이 아니다. 오히려 인간 실존에 대한 치명적인 가정이 더 근본적인 원인이었다. 원래는 진통의학에서 사용되던 약품들이 건강한 사람에게도 대규모로 투여

되게 하는 것은 지속적 안락함을 추구하는 이데올로기에 의해서만 가능하다. 미국의 통증 전문가 데이비드 B. 모리스가 다음과 같이 지적한 것은 뜬금없는 일이 아니었다. "오늘날의 미국인들은 아마도 고통 없는 삶을 일종의 헌법으로 보장된 권리처럼 생각하는 지구상 첫 번째 세대에 속할 것이다. 고통은 스캔들이다."[5]

진통사회와 성과사회는 서로 조응한다. 고통은 **약함의 신호**로 해석된다. 고통은 숨기거나 최적화를 통해 제거해야 하는 어떤 것이다. 고통은 성과와 병립할 수 없다. **고통의 수동성**은 **능력**에 의해 지배되는 능동사회에서 설 자리가 없다. 오늘날 고통은 모든 표현 가능성을 빼앗긴다. 고통은 **침묵**을 선고받는다. 진통사회는 고통을 **격정**Passion으로 활성화하고 언어화하는 것을 허용하지 않는다.

나아가 진통사회는 **좋아요**의 사회다. 진통사회는 좋음의 광기에 빠진다. 모든 것이 만족감을 줄 때까지 매끄럽게 다듬어진다. **좋아요**Like는 우리 시대의 징표이자 **진통제**다. 좋아요는 소셜미디어뿐만 아니라 문화의 모든 영역을 지배한다. 어떤 것도 고통을 주어서는 안 된다. 예술만이 아니라 삶 자체가 **인스타그램에 적합**해야 한다. 다시 말해 고통을 줄 수 있는 모서리나 귀퉁이, 갈등이나 모순이 없어야 한다. **고통이 정화한다**는 사실은 잊혀진다. 고통은 카타르시스적인 작용을 한다. 만족의 문화에는 **카타르시스**의 가능성이 빠져 있다. 그 결과 우리는 만족 문화의 표면 아래쪽에 쌓이는 **긍정성의 찌꺼기**에 에워싸여 질식한다.

현대미술과 이 시대의 미술을 파는 경매에 대한 어떤 해설은 이렇게 지적한다. "분명한 것은 모네나 쿤스, 누워 있는 사람을 그린 모딜리아니의 누드 작품, 피카소가 그린 여성의 모습이나 로스코의 숭고한 색면회화, 심지어 과잉 복원된 최고 가격의 가짜 레오나르도 트로피조차도 보자마자 어떤 (남성) 예술가의 작품인지 알아볼 수 있어야 하고, 천박함에 이를 만큼 만족감을 주어야 한다는 것이다. 적어도 또 한 명의 여성 미술가가 서서히 이 그룹 안으로 진입하고 있다. 루이즈 부르주아는 거대한 조각작품으로 새로운 기록을 세웠다. 1990년대에 제작된 〈거미〉가 3,200만 달러의 경매가를 달성한 것이다. 그러나 이 거대한 거미조차도 별로 위협적이지는 않고 오히려 지극히 장식적이다."**⁶** 아이 웨이웨이(중국의 설치미술가이자 반정부 사회운동가—옮긴이)는 도덕마저도 '좋아요'라는 반응을 끌어내도록 포장한다. 도덕과 만족은 성공적인 공생관계를 맺는다. 불화不和가 디자인으로 추락한다. 이와 달리 제프 쿤스는 장식성을 과시하는 탈도덕의 좋아요 예술을 연출한다. 그 스스로 강조하듯이 그의 예술작품에 대한 적절한 반응은 "와Wow"[7]라는 것 한 가지뿐이다.

우리 시대에는 예술을 좋아요의 코르셋에 끼워 넣는 데 모든 힘이 총동원된다. 예술의 이러한 마취는 옛 거장들 앞에서도 멈추지 않는다. 심지어 옛 거장들을 유행하는 디자인과 무턱대고 결합시키기도 한다. "선별된 초상화들은 하나의 영상과 함께 전시되었는데, 이 영상은 우리 시대의 디자이너 의상들이 예컨대 대大 루카스 크라나흐나 페테르 파울 루벤스의 역사적 회화들의 색상과 얼마나 잘 어울리는지를 보여주고 있었다. 물론 역사적 초상화들이 오늘날의 셀카의 과거 형태라는 지적도 빠지지 않았다."[8]

만족의 문화가 생긴 데는 다양한 원인이 있다. 우선 문화의 경제화 및 안락화가 하나의 원인이다. 문화생산물들은 갈수록 소비의 강제하에 놓이고 있다. 문화생산물들은 소비될 수 있는, 다시 말해 만족감을 주는 형태를 지녀야 한다. 이러한 문화의 경제화는 경제의 문화화와 동시에 진행된다. 소비재들에 문화적 잉여가치가 덧붙여진다. 이 잉여가치는 문화적, 미적 체험을 약속한다. 그래서 사용가치보다 디자인이 더 중요해진다. 소비의 영역이 예술의 영역을 침범한다. 소비재들은 스스로를 예술작품처럼 연출한다. 그래서 예술영역과 소비영역이 뒤섞이고, 그 결과 이제 예술 스스로 소비미학을 활용하게 되었다. 수용자를 기분 좋게 하는 예술이 되는 것이다. 문화의 경제화와 경제의 문화화는 서로를 강화한다. 문화와 상업, 예술과 소비, 예술과 광고 사이의 경계가 허물어진다. 예술가들은 자신을 하나의 상표로 자리잡게 해야 한다는 압박을 받는다. 예술가들은 시장에 적합해지고 만족을 주는 사람이 된다. 경제의 문화화는 생산에도 적용된다. 탈산업적이고 비물질적인 생산이 예술적 행위의 형식들을 끌어와서 쓴다. 생산은 **창의적**이어야 한다. 그러나 경제 전략으로서의 창의성은 **동일한 것의 변주**만 허락한다. **완전한 타자**에는 접근하지 못하기 때문이다. 이런 창의성에는 고통을 주는 **단절의 부정성**이 없다. 고통과 상업은 서로를 배제한다.

예술영역이 소비영역과는 철저히 분리된 채 그 자신의 논리를 좇던 때, 사람들은 예술이 만족을 줄 것을 기대하지 않았다. 예술가들은 상업을 멀리했다. 예술은 "세상에 대한 낯섦"[9]이라는 아도르노의 격언은 아직 유효했다. 아도르노의 말이 맞다면 쾌적한 예술이란 모순이다. 예술은 낯설게 하고, 교란하고, 당황하게 하고, 고통을 줄 수도 있어야 한다. 예술은 **어딘가 다른 곳에** 머무른다. 예술의 **집은 낯선 곳에** 있다. 다름 아닌 낯섦이 예술작품의 아우라를 만들어낸다. 고통은 완전한 타자가 들어오는 균열이다. 완전한 타자의 부정성이야말로 예술로 하여금 지배적 질서에 대한 반대 이야기를 할 수 있게 해준다. 반면 만족을 주는 것은 동일한 것을 지속시킨다.

아도르노에 따르면 소름은 "최초의 미적 형상"[10]이다. 소름은 타자의 침투를 표시한다. 전율할 줄 모르는 의식은 사물화된 의식이다. 그런 의식은 **경험**을 할 능력이 없다. "존재자의 본질적인 다름이 익숙한 것에 맞서 자신을 드러낼 때 고통이 발생하며", 경험이란 "그 본질에 있어서 이 고통"[11]이기 때문이다. 모든 고통을 거부하는 삶 또한 사물화된 삶이다. "타자에 의해 건드려지는 것"[12]만이 삶을 살아 있는 것으로 만든다. 그런 건드림이 없을 때 우리는 **동일한 것의 지옥**을 벗어날 수 없다.

행복 강요

고통은 복합적이고 문화적인 형성물이다. 사회 안에서 고통이 지니는 현재성과 의미는 지배형태에 의해서도 좌우된다. 고문이 자행되던 전근대 사회는 고통과 아주 밀접한 관계를 맺고 있다. 거기서 권력 공간들은 그야말로 고통의 비명으로 가득 차 있다. 고통은 지배수단으로 사용된다. 음울한 축제, 고문의 잔혹한 의례, 고통의 화려한 연출은 지배를 안정화한다. 고문당한 몸은 권력의 표장表章이다.

고문사회가 규율사회로 넘어가면서 고통에 대한 관계도 바뀐다. 푸코는《감시와 처벌》에서 규율사회가 고통을 더 은밀한 방식으로 투입한다고 지적한다. 고통은 규율의 계산에 따라 사용된다. "그런 직접적인 육체적 형벌이 더는 사용되지 않고, 고통을 주는 기술에도 일정한 신중함이 나타나고, 더 면밀하고 소음도 없고 수수한 고통의 유희가 진행된다. […] 고문당하고 찢기고 절단된 몸, 얼굴이나 어깨에 낙인이 찍힌 몸, 산 채로 혹은 죽은 채로 전시되고 떠들썩한 구경거리로 제공되는 몸이 수십 년 사이에 사라졌다. 처벌하는 억압의 주요한 표적이었던 몸이 사라진 것이다."[13] 고문당한 몸은 산업 생산을 지향하는 규율사회에 더 이상 적합하지 않다. 규율권력은 학습능력이 좋은 몸을 생산수단으로 제작한다. 고통도 규율 기술에 통합된다. 지배는 여전히 고통과 관계를 맺고 있다. 명령과 금지는 고통이라는 수단을 통해 복종하는 주체에 각인되고, 나아가 이 주체의 몸에 닻을 내린다. 규율사회에서 고통은 또 하나의 구성적 역할을 한다. 고통은 인간을 생산수단으로 주조鑄造한다. 고통은 이제 공개적으로 전시되는 대신 감옥과 병영, 기관, 공장 혹은 학교와 같은 폐쇄된 규율 공간으로 옮겨진다.

규율사회는 고통과 원칙적으로 긍정적인 관계를 맺고 있다. 윙어는 "규율"이란 "인간이 고통과의 접촉을 유지하도록 하는 형식"이라고 말한다.[14] 바로 윙어의 "노동자"

가 규율의 한 형상이다. 이 노동자는 고통을 통해 단련된다. "줄곧 고통을 느끼고자 애쓰는" 영웅적 삶은 "단련 Strählung"을 추구한다.[15] "규율 있는 얼굴"은 "닫혀 있다". 이런 얼굴은 "확고한 시점"을 갖고 있는 반면, 감수성을 지닌 개인의 "섬세한 얼굴"은 "안절부절못하고 움직이고 변화하며", "온갖 종류의 영향과 자극에" 내맡겨져 있다.[16]

영웅적 세계상에는 고통도 반드시 포함된다. 《반反고통》이라는 제목의 미래파적인 선언에서 알도 팔라체스키(1885~1974, 이탈리아의 작가, 시인―옮긴이)는 이렇게 말한다. "고통 속에서 더 많은 양의 웃음을 발견해낼 수 있는 사람일수록 더 깊이가 있다. 이전에 인간의 고통 속에 깊이 파묻힌 적이 없는 사람은 마음의 가장 깊은 곳으로부터 웃을 수 없다."[17] 영웅적 세계관에 따르면 우리는 언제든 고통과 만날 수 있도록 "무장"되어 있는 삶을 살아야 한다. 고통의 장소로서의 몸은 더 높은 차원에 예속된다. "물론 이 절차는 하나의 사령탑이 있을 것을 전제한다. 이 사령탑으로부터 몸은 인간이 원거리에서 투쟁에 투입하고 희생시킬 수 있는 하나의 전초前哨로서 관찰된다."[18]

융어는 영웅적 규율을 시민 주체의 감수성과 대립시킨

다. 이 시민 주체의 몸은 전초도 아니며, 더 높은 목적을 위한 수단도 아니다. 그의 섬세한 몸은 오히려 그 자체가 목적이다. 이 몸은 고통이 의미 있는 것으로 나타나게 하는 의미의 지평을 잃는다. "몸이 그 자체로 가치 있는 것으로 간주되는 세계에 조응한다는 것이 현대적 감수성의 비밀이다. 이를 확인함으로써 우리는 이 세계가 고통을 우선적으로 피해야 하는 권력으로 취급하는 이유를 알 수 있다. 왜냐하면 여기서 고통이 만나는 몸은 어떤 전초가 아니라 주요한 권력이자 삶의 본질적 핵심이기 때문이다."[19]

탈산업적, 탈영웅적 시대에 몸은 전초도, 생산수단도 아니다. 더 높은 목적과는 아무 관련 없이 자신에게 만족하고 자신을 향유하는 쾌락주의적인 몸은 훈육된 몸과는 반대로 고통에 대해 거부하는 태도를 취한다. 이 몸에게 고통은 아무 의미도, 유용성도 없는 것으로 나타난다.

오늘날의 성과주체는 규율주체와 근본적으로 다르다. 신자유주의적인 성과사회에서 지시와 금지 혹은 처벌과 같은 부정성은 동기부여와 자기 최적화 혹은 자아실현과 같은 긍정성에 밀려난다. 훈육공간은 안락영역으로 대체된다. 고통은 권력 및 지배와의 모든 연관을 잃어버린다. 고통은 탈정치화되어 의학적 문제가 된다.

행복하라는 것이 새로운 지배공식이다. 행복의 긍정성이 고통의 부정성을 밀어낸다. 행복은 긍정적인 감정 자본으로서 성과 능력이 약화되지 않고 계속 발휘될 수 있도록 해야 한다. 자기 동기부여와 자기 최적화는 신자유주의적 행복장치가 매우 효율적으로 작동하게 해주는데, 큰 비용을 전혀 치르지 않고도 지배가 이루어질 수 있기 때문이다. 예속된 자는 자신이 예속되어 있다는 사실조차 알지 못한다. 그는 자신이 자유로운 줄 안다. 외부의 강제가 전혀 없는데도 그는 자아실현을 하는 줄 알고 자발적으로 자신을 착취한다. 자유는 억압되는 것이 아니라 착취된다. **자유로우라**는 말은 **복종하라**는 말보다 더 파괴적인 강제를 낳는다.

신자유주의의 지배하에서는 권력도 긍정적인 형식을 취한다. 권력은 **스마트**해진다. 억압적인 규율권력과는 반대로 스마트한 권력은 고통을 주지 않는다. **권력은 고통과 완전히 분리된다.** 권력은 어떤 억압도 없이 유지된다. 예속은 자기 최적화와 자아실현으로써 이루어진다. 스마트한 권력은 유혹적이고 관대하게 작업한다. 자유의 모습으로 나타나기 때문에 억압적 규율권력보다 더 잘 보이지 않는다. 감시도 스마트한 형식을 취한다. 우리는 우리의 욕구와 소망과 취향을 알리고, 우리의 삶에 대해 이야기하도록 지속적으로 요구받는다. 전면적 소통과 전면적 감시, 포르노그래피적 노출과 파놉티콘적 감시가 서로 같아진다. 자유와 감시는 구별할 수 없게 된다.

신자유주의적 행복장치는 우리를 영혼의 내면관찰로 이끎으로써 현존하는 지배연관에 대한 우리의 관심을 잠재운다. 모두가 사회적 상황을 비판적으로 파고드는 대신 그저 자기 자신에 대해서만, 자신의 심리에 대해서만 관심을 갖도록 이끈다. 사회가 책임을 져야 할 고통이 사적이고 심리적인 문제로 간주된다. 개선되어야 할 것은 사회의 상태가 아니라 영혼의 상태다. 영혼을 최적화하라는 요구는 실제로는 지배 관계에 적응하라는 요구이며, 사회적 폐해를 은폐한다. 이런 식으로 긍정심리학은 **혁명의 종언**을 확정 짓는다. 혁명가들이 아니라 동기부여 트레이너들이 무대에 올라 어떤 불만도, 나아가 어떤 **분노**도 일어나지 않도록 한다. "극단적인 사회적 대립을 몰고 온 1920년대의 세계경제공황 직전에는 부자들의 탐욕과 빈자들의 비참함을 고발하던 수많은 노동자 대표자들과 급진적 활동가들이 있었다. 이와 달리 21세기에는 전혀 다르고 수도 더 많은 이데올로그 무리가 그 반대 주장을 확산시켰다. 심각하게 불평등한 우리 사회에서는 모든 것이 좋으며, 노력하는 사람이라면 더 잘, 훨씬 더 잘 살게 될 것이라고 주장했던 것이다. 동기부여자들과 긍정적 사고의 대변자들은 지속적으로 급변하는 노동시장으로 인해 경제적 파멸 직전에 있던 사람들에게 기분 좋은 메시지를 전달했다. 아무리 두려운 '변화'라도 환영하고 그것을 기회로 받아들이라는 것이었다."[20]

무조건 고통을 퇴치하고자 하는 의지 또한 고통이 **사회적으로 매개된 것**이라는 사실을 잊게 한다. 고통은 사회경제적 불화를 반영하며, 이런 불화는 사람의 심리뿐만 아니라 육체에도 각인된다. 대량으로 처방되는 진통제는 고통을 낳는 사회적 상황을 덮어 감춘다. 고통을 오로지 의학과 약학으로만 처리하는 것은 고통이 **언어**가, 나아가 **비판**이 되는 것을 막는다. 고통의 대상성이, 더욱이 사회성이 제거되는 것이다. 약이나 매체로 둔감하게 만듦으로써 진통사회는 비판에 대해 면역된다. 소셜미디어나 컴퓨터 게임도 진통제처럼 작용한다. 사회적인 만성 마

취는 인식과 성찰을 가로막고, **진실**을 억압한다.《부정 변
증법》에서 아도르노는 이렇게 말한다. "고통을 거침없이
말하려는 욕구가 모든 진실의 조건이다. 고통이란 주체
를 짓누르는 객체성이기 때문이다. 주체가 자신의 가장
주관적인 것으로 경험하는 것은 객관적으로 매개되어 있
다."[21]

　행복장치는 사람들을 개별화하고, 사회의 탈정치화와
탈연대화를 초래한다. 각자가 스스로 행복을 추구해야
한다. 행복은 사적인 문제가 된다. 고통 또한 개인적인 실
패의 결과로 해석된다. **그래서 혁명 대신 우울이 있다.** 자신
의 영혼을 치료하려고 이리저리 애쓰는 사이에 우리는
사회적 불화를 낳는 사회적 연관을 시야에서 놓치고 만
다. 두려움과 불안이 우리를 괴롭힐 때, 우리는 그 책임
이 사회가 아니라 우리 자신에게 있다고 생각한다. 그러
나 **함께 느끼는 고통**이야말로 혁명의 효소다. 신자유주의
적 행복장치는 이런 고통의 싹을 질식시킨다. 진통사회
는 고통을 **의학적 문제로, 사적인 문제로** 만들어 **탈정치화**한
다. 이를 통해 **고통의 사회적 차원**을 억압하고 은폐한다. **피
로사회의 병적 현상**으로 해석할 수 있는 만성적인 고통은
어떤 항의도 낳지 않는다. 신자유주의적 성과사회에서의

피로는 **나의 피로**로 간주되고, 이런 점에서 비정치적이다. 이 피로는 혹사된 나르시시즘적 성과주체에게서 나타나는 증상이다. 이 피로는 사람들을 하나의 **우리**로 결합하지 않고 오히려 개별화한다. 그러므로 이 피로는 공동체를 만들어내는 **우리의 피로**와 구별되어야 한다. 나의 피로는 혁명을 막는 최상의 예방약이다.

신자유주의적 행복장치는 행복을 사물화한다. 하지만 사실 행복은 더 큰 성과를 약속하는 긍정적 감정들의 합계 이상의 것이다. 행복은 최적화 논리를 거부한다. 행복의 특징은 마음대로 사용할 수 없다는 것이다. 행복에는 부정성이 내재한다. 진정한 행복은 **균열**이 있어야만 가능하다. 고통이야말로 행복이 사물화되는 것을 막아준다. 그리고 고통은 행복에 지속성을 부여해준다. 고통이 행복을 **지탱한다.** 고통스러운 행복이란 말은 형용 모순이 아니다. 모든 **강렬함**은 고통스럽다. **격정**은 고통과 행복을 결합한다. 깊은 행복은 괴로움의 계기를 지니고 있다. 니체에 따르면 고통과 행복은 "서로 결합하여 크게 자라거나 […] 서로 결합하여 **작게 남아 있는** 형제이며 쌍둥이다."**22** 고통이 저지되면 행복은 흐릿한 편안함으로 쪼그라든다. 고통을 느끼는 감수성이 없는 사람은 깊은 행복에 이르지 못한다. "그와 같은 사람에게는 수많은 **종류**의 괴로움이 무한한 눈보라처럼 쏟아지고, 고통의 가장 강력한 번개 또한 그에게 떨어진다. 모든 방향으로, 가장 깊은 곳까지 고통에 항상 열려 있을 때만 그는 가장 섬세하고 드높은 종류의 행복에도 열려 있을 수 있다."[23]

생존

바이러스는 우리 사회의 거울이다. 바이러스는 우리가 어떤 사회에서 살고 있는지를 드러낸다. 오늘날에는 마치 우리가 영구적인 전쟁상태에 있기나 한 것처럼 생존 Überleben이 절대화된다. 삶의 모든 힘이 삶을 연장하는 데 사용된다. 진통사회는 생존사회라는 것이 드러난다. 팬데믹이 도래하자 생존을 위한 격렬한 투쟁은 바이러스에 의해 첨예화된다. 바이러스는 고통이 억제된 안락영역으로 침투하여 이 영역을 **삶이 생존으로 완전히 얼어붙는 격리 공간으로** 바꾼다. 삶이 생존으로 되어갈수록 우리는 그만큼 더 죽음에 대한 두려움을 느끼게 된다. 고통공포는 궁극적으로 죽음에 대한 공포다. 팬데믹은 우리가 꼼꼼히 억압하고 밀어낸 죽음을 다시 가시화한다. 매스미디어에서 죽음이 너무 자주 등장하자 사람들은 신경질적으로 변한다.

생존사회는 **좋은 삶**에 대한 감각을 완전히 잃어버린다. 그 자체가 목적으로 떠받들어지는 건강을 위해 향유마저 희생된다. 흡연 금지의 혹독함은 생존의 히스테리를 보여주는 좋은 사례다. 향유도 생존을 위해 양보해야 한다. 어떤 값을 치르고라도 삶을 연장하는 것이 세계 어디서나 다른 모든 가치에 앞서는 최고의 가치로 승격된다. 생존을 위해 우리는 삶을 살 만한 가치가 있게 만들어주는 모든 것을 기꺼이 희생한다. 팬데믹에 직면하여 우리는 기본권의 근본적인 제한조차 주저 없이 받아들인다. 우리는 삶을 벌거벗은 생존으로 축소하는 비상상황에 저항 없이 순응한다. 바이러스가 낳은 비상상황에서 우리는 우리 자신을 자발적으로 격리 공간 안에 감금한다. 벌거벗은 생존이 지배하는 수용소가 바이러스에 의해 변형된 것이 격리 공간이다.[24] "홈오피스"는 팬데믹 시대의 신자유주의적 강제노동수용소를 부르는 이름이다. 이 홈오피스가 전제적인 정권의 강제노동수용소와 다르게 보이는 것은 오로지 건강 이데올로기와 자기 착취의 역설적인 자유 때문이다.

팬데믹에 직면한 생존사회는 부활절 예배마저 금지한다. 성직자들도 "사회적 거리두기"를 실천하고 마스크를 쓴다. 그들은 생존을 위해 신앙을 온전히 희생한다. 역설적이게도 이웃 사랑이 거리두기로 표현된다. 이웃은 잠재적인 바이러스 운반자다. 바이러스학이 신학을 무력화한다. 절대적 해석주권을 획득한 바이러스학자의 말에 모두가 귀를 기울인다. 부활의 서사는 건강과 생존의 이데올로기에 완전히 자리를 내어준다. 바이러스 앞에서 신앙은 추락하여 익살극이 된다. 신앙은 중환자실과 인공호흡기로 대체된다. 매일 사망자 숫자가 집계된다. 죽음이 삶을 완전히 지배한다. 죽음은 삶을 비워서 생존으로 만든다.

생존의 히스테리는 삶을 근본적으로 덧없는 것으로 만든다. 삶은 최적화해야 할 생물학적 과정으로 축소된다. 삶은 **형이상학적** 차원을 모조리 **빼앗긴다.** 자가추적이 컬트의 대상이 된다. 디지털 건강염려증Hypochondrie, 건강 앱 및 피트니스 앱을 통한 지속적인 자가측정은 삶을 하나의 기능으로 격하시킨다. 삶은 의미를 부여하는 모든 서사를 빼앗긴다. 이제 삶은 이야기할 수 있는 것이 아니라 **측정할 수 있는 것, 셀 수 있는 것**이다. 삶은 벌거벗겨지고, 나아가 외설적인 것이 된다. 아무것도 지속을 약속하지 않는다. 삶을 단순한 생존 이상의 것으로 만들어주던 모든 상징과 서사 혹은 의례가 완전히 퇴색한다. 조상숭배와 같은 문화적 행위들은 죽은 자에게도 생기를 부여한다. 삶과 죽음이 상징적 소통 속에서 결합된다. 우리는 삶을 안정시켜주는 저 문화적 행위들을 완전히 잃어버렸고, 그 결과 생존의 히스테리가 지배하게 되었다. 오늘날 우리는 죽는 것이 아주 힘들다고 생각하는데, 이는 삶을 의미 있게 종결하는 것이 이제는 불가능해졌기 때문이다. 삶은 때 이르게 끝난다. 제때에 죽을 수 없는 사람은 때 이르게 고통스럽게 죽어야 한다. 우리는 **늙지도** 않은 채 나이를 먹는다.

자본주의에는 좋은 삶에 대한 서사가 없다. 자본주의는 생존을 절대화한다. 자본이 늘어나면 죽음이 줄어든다는 무의식적인 믿음이 자본주의의 자양분이다. 죽음에 맞서기 위해 자본이 축적된다. 자본은 생존을 위한 **재산**으로 상상된다.[25] 삶의 시간이 유한하기 때문에 자본의 시간이 축적된다. 팬데믹은 자본주의에 충격을 주기는 하지만, 자본주의를 제거하지는 않는다. 팬데믹은 자본주의에 맞서는 반反서사를 낳지 않는다. 바이러스로 인한 혁명은 일어나지 않을 것이다. 자본주의적 생산은 감속되지 않고 강제적으로 정지될 뿐이다. 초조한 정지가 지배한다. 격리는 여가가 아니라 강제된 활동 정지만 낳는다. 격리는 **머무름** Verweilen의 장소가 아니다. 팬데믹 상황에서는 건강이 경제보다 우선권을 부여받는 데 그치지 않는다. 성장과 성과의 경제 전체가 생존이라는 목적에 예속된다.

생존을 위한 투쟁은 **좋은 삶**을 위한 염려와 대립한다. 생존의 히스테리에 지배되는 사회는 좀비(원문은 das Untote, 즉 실제로는 죽었으나 산 자들 사이로 되돌아와 산 자 행세를 하는 존재를 말한다. 대개 유령과는 반대로 생전의 영혼은 죽었고, 몸만 살아 있다. 흡혈귀나 좀비 등이 이런 존재에 속하는데 여기서는 좀비라고 번역하였다―옮긴이)의 사회다. 우리는 죽기에는 너무 살아 있고, 살기에는 너무 죽어 있다. 오로지 생존만을 염려한다는 점에서 우리는 살지도 않으면서 증식하는, 다시 말해 생존하는, 덜 죽은 존재인 바이러스와 닮았다.

진통사회는 긍정성의 사회다. 이 사회의 특징은 **무한한 허용성**이다. 다양성과 커뮤니티 혹은 공유가 이 사회의 구호들이다. **적으로서의 타자**는 지워진다. 가속화해야 하는 정보와 자본의 순환은 타자의 면역 방어가 어디에도 없을 때 최대 속도에 도달한다. 이렇게 건널목이 평평한 통로로 다듬어진다. 경계선은 제거된다. 문턱이 철거된다. 타자의 면역 방어가 철저하게 삭제된다.

면역학적으로 조직된 사회는 냉전 시대처럼 울타리와 장벽들로 둘러싸여 있다. 공간은 서로 분리된 **구획들**로 구성된다. 그러나 면역학적 방벽들은 상품과 자본의 유통 속도를 늦춘다. 냉전 종식 후 대규모로 진행되는 탈면역 과정인 세계화는 상품과 자본의 흐름을 가속화하기 위해 이런 방벽들을 철저히 제거한다. 효과적으로 면역 작용을 하는 적의 부정성은 신자유주의적 성과사회 체제에 적합하지 않다. 이 체제 안에서 우리는 무엇보다 먼저 우리 자신과 전쟁한다. 타자 착취 대신 자기 착취가 일어난다.

이제 바이러스가 **면역의 위기**를 불러일으킨다. 바이러스는 면역력이 매우 약해진 허용 사회permissive Gesellschaft로 침투하여 이 사회를 충격으로 인한 마비상태로 몰아넣는다. 국경이 다시 허둥지둥 봉쇄된다. 공간들이 서로 차단된다. 이동과 접촉이 철저히 제한된다. 사회 전체가 **면역학적 방어태세**로 전환된다. 이는 **적의 귀환**을 의미한다.

이제 우리는 보이지 않는 적인 바이러스와 전쟁한다.

　　팬데믹은 테러리즘처럼 작용한다. 테러리즘 또한 벌거
벗은 죽음을 벌거벗은 삶을 향해 내던지고, 그 결과 격렬
한 면역반응을 일으킨다. 공항에서는 누구나 잠재적 테
러리스트처럼 취급된다. 우리는 아무 저항 없이 굴욕적
인 보안 절차들을 감수한다. 숨겨진 무기를 찾기 위해 우
리 몸을 더듬는 것을 허락한다. 바이러스는 공기로부터
가해지는 테러다. 누구나 잠재적인 바이러스 운반자로
의심받고, 이에 따라 격리 사회가 생겨나며, 생명정치적
감시체제가 수립된다. 팬데믹은 어떤 다른 삶의 형태를
낳지 않는다. 바이러스와의 전쟁 속에서 삶은 과거 어느
때보다 더 생존이 된다. 생존의 히스테리는 바이러스를
통해 첨예화된다.

고통의 무의미함

오늘날 고통 경험의 주요한 특징 중 하나는 고통이 무의미한 것으로 지각된다는 것이다. 고통 앞에서 우리를 지탱해주고 방향을 제시해줄 의미연관이 더는 존재하지 않는다. 우리는 **고통을 감내하는 기술**을 완전히 상실했다. 고통이 오로지 의학과 약학으로 다루어야 할 대상이 되면서 "고통 처리의 문화 프로그램"[26]이 파괴되었다. 이제 고통은 진통제로 제거해야 하는 무의미한 질병이다. 그저 육체적 고통에 지나지 않는 고통은 **상징적 질서**에서 완전히 퇴출된다.

폴 발레리의 테스트 씨(〈테스트 씨와 함께한 저녁〉을 비롯한 '테스트 씨' 연작소설의 주인공—옮긴이)는 고통을 오로지 육체적 고통으로만, 무의미한 것으로만 경험하는 현대의 민감한 시민적 주체를 체현한다. 신적인 마취제 혹은 흥분제로 작용하던 기독교 서사 전체가 그를 완전히 떠났다. "고통에는 어떤 의미도 없다."[27] 이로써 발레리는 신의 죽음만큼이나 의미심장한, 견디기 힘든 생각을 발설한 것이다. 인간은 서사적인 보호 공간을 상실하며, 그 결과 상징적으로 관리되는 고통의 가능성도 사라져버린다. 우리는 의미를 상실하고 언어를 잃어버린 벌거벗은 몸에 무방비로 내맡겨진다. "이 간결한 문장은 고통이 그 전통적, 문화적 코드화로부터 분리되는 과정의 역사적 종착지를 표시한다. 처음으로 고통은 의미를 벗어난 대상으로 나타난다[…]. 그런 문장이 만들어지기 위해서는 어마어마한 청소작업이 선행되어야 했다. […] 19세기의 생리학자들과 해부학자들은 문화적 몸에서 기독교적 의미론을 완전히 제거한 것처럼 보인다[…]. 발레리의 문장은 '신은 죽었다'라는 니체의 명언과 가깝다. 이 문장들과 함께 우주의 냉기가 우리의 뼈에 내려앉는다."[28]

테스트 씨에게 고통은 이야기할 수 없는 것이다. 고통은 언어를 파괴한다. 고통이 시작되는 순간, 문장은 중단된다. 오로지 생략부호만이 고통의 존재를 표시한다.

"'아!' 그는 고통을 느꼈다. 그는 말한다. '별일 아닙니다. 나는… […] 잠시만요… […] 모래알들을 세고 있어요… 그것들을 보는 동안에는… — 고통이 점점 심해져서 고통을 지켜보지 않을 수 없어요. 고통을 생각합니다! — 나는 내 비명만을 기다려요… 그리고 고함을 듣자마자 — **그것**, 끔찍한 **그것**이 점점 작아져서 내 내면의 시야에서 사라집니다…'"[29]

　테스트 씨는 고통 앞에서 말을 잃는다. 고통은 그에게서 말을 빼앗는다. 고통은 그의 세계를 파괴하고 그를 무언의 몸에 가둔다. 기독교 신비주의자 아빌라의 테레사는 테스트 씨와 반대되는 인물 중 한 사람으로 볼 수 있다. 그녀의 경우 고통은 지극히 말이 많다. 고통과 함께 이야기가 시작된다. 기독교의 서사는 고통을 언어화하고, 그녀의 몸을 하나의 무대로 바꾼다. 고통은 내밀함과 강렬함을 낳는다. 심지어 고통은 에로틱한 사건이기도 하다. 성스러운 에로틱함이 고통을 희열로 바꾼다. "내 앞에 나타난 천사의 손에 기다란 황금 다트 화살이 들려 있는 것이 보였고, 쇳부분의 끝에서는 작은 불이 타고 있는 듯했다. 천사가 화살로 내 심장을 가장 안쪽까지 몇 번 꿰뚫는 듯했고, 그가 화살을 다시 빼낼 때는 심장의 이 가

장 안쪽 부분도 함께 빠져나가는 느낌이 들었다. 천사가
나를 떠났을 때 나는 하느님에 대한 불과 같은 사랑으로
온전히 타올랐다. 이 상처의 고통이 너무나 커서 나는 앞
서 말한 탄식을 내뱉었다. 그러나 이 엄청난 고통이 불러
일으킨 희열 또한 너무나 컸기 때문에 나는 이 고통에서
벗어나게 해달라고 요구할 수 없었고, 하느님 말고는 다
른 어떤 것으로도 진정할 수 없었다. 이 고통에는 몸 또
한 상당한 정도로 관여하고 있었지만, 그것은 육체적 고
통이 아니라 정신적 고통이었다."[30]

프로이트에 따르면 고통은 한 사람의 내력 안에 들어
있는 차단Blockierung을 표시하는 증상이다. 환자는 차단
으로 인해 이야기를 계속 진행할 수 없게 된다. 심인성心
因性 고통은 파묻히고 억압된 말의 표현이다. 말이 **사물화**
된 것이다. 치료의 핵심은 환자가 이 언어차단에서 벗어
나도록 하고 환자의 이야기가 다시 흐르게 하는 데 있다.
테스트 씨의 고통은 "**그것**", "**끔찍한 그것**"이다. 이 고통
은 전혀 서술될 수 없다. 과거도 미래도 없이 고통은 몸
의 언어 없는 현재에만 머무른다. "갑자기 고통이 일어날
때, 고통은 어떤 과거도 밝혀주지 않는다. 그저 현재의 몸
의 부분들만을 표시할 뿐이다. 고통은 국부적인 메아리

를 불러일으킨다. […] 이렇게 고통은 의식을 짧은 현재에, 미래의 지평을 빼앗긴 압착된 순간에 가둔다. […] 여기서 이제 우리는 모든 이야기로부터 가장 멀리 떨어져 있다[…]."**31**

오늘날 고통은 오로지 육체적이기만 한 고통으로 **사물화**되었다. 고통이 어떤 의미도 지니지 않게 되었다는 것은 예컨대 고통을 신학적 강제로부터 벗어나게 해주는 해방적 행위로 일면적으로 해석되어서는 안 된다. 오히려 고통의 의미 상실은 생물학적 과정으로 축소된 우리의 삶 **자체가 의미를 상실했음**을 암시한다. 고통이 의미를 지니려면 삶을 의미 지평 안으로 편입시키는 서사가 먼저 있어야 한다. **더는 이야기하지 않는**, 의미를 상실한 벌거벗은 삶 속에서만 고통은 의미를 상실한다.

《사유이미지》에서 벤야민은 어떤 치유하는 손들에 대해 말하는데, 드물게도 이 손들을 만나게 되면 마치 그것들이 어떤 **이야기를 할** 것 같은 인상을 받게 된다고 한다. 이야기는 치유의 힘을 발산한다. "아이가 아프다. 엄마는 아이를 침대에 누이고 그 곁에 앉는다. 이어서 엄마는 아이에게 이야기를 들려주기 시작한다."**32** 벤야민은 치료가 시작될 때 환자가 의사에게 들려주는 이야기와 더불어 이미 치유의 과정이 시작된다고 생각한다. 벤야민은 "병이 충분히 멀리, 이야기의 흐름에 실려 하구河口에 닿을 때까지 흐르게 할 수 있다면 모든 병을 치료할 수 있지 않을까" 하고 묻는다. 고통은 처음에 이야기의 흐름을 가로막는 "둑"이다. 하지만 이 둑은 "이야기의 물살이 충분히 강해서 그것을 가로막는 모든 것들을 행복한 망각의 바다로 휩쓸어간다면" "무너진다." 아픈 아이를 쓰다듬는 엄마의 손은 이야기가 흘러갈 강바닥을 만들어준다. 그러나 고통은 이야기의 흐름을 가로막는 둑에 그치는 것이 아니다. 오히려 고통 자체가 이야기의 강물을 불어나게 하여 이 강물이 고통을 휩쓸어가게 만든다. **고통이 비로소 이야기가 흐르도록 하는 것이다.** 이럴 때만 고통은 실제로 "배를 타고 운행할 수 있는 강, 인간을 바다로 이끌어주는 마르지 않는 물을 지닌 강"**[33]**이 된다.

오늘날 우리는 탈서사적 시대에 살고 있다. 이야기 Erzählung가 아니라 계산Zählung이 우리의 삶을 규정한다. 서사는 몸의 우연성을 극복하는 **정신**의 능력이다. 그러므로 이야기가 모든 병을 치유할 수도 있다는 벤야민의 생각은 일리가 있다. 주술사들도 이야기의 성격을 갖는 마술적인 주문으로 병과 고통을 몰아낸다. 정신이 뒤로 물러나는 곳에서 몸은 더 큰 힘을 갖게 된다. 의미를 상실한 고통의 맹렬함에 직면하여 정신이 할 수 있는 것은 자신의 무력함을 고백하는 것밖에 없다. "'인간은 무엇을 할 수 있는가?'라는 테스트 씨의 질문은 인간이 할 수 있는 **최대한의 것**을 건드리는 도발이다. 그러나 **최소한의 것**도 고려해야 한다. 민감함이 '어떻게도 대응할 수 없는' 수준에 도달한다면, '유기체의 제어되지 않은 부분'이 압도적인 힘을 얻게 된다면, 인간의 능력은 그의 '고통을 겪는 힘'에 의해 밀려난다. 얕든 깊든 발레리가 거듭 새롭게 발견해내는 것은 홀로 무대에 남게 된 몸이 정신에게 그 자신의 패배를 깨닫는 데 필요한 만큼만의 미미한 통찰력만 남겨놓은 **둔턱**이다."[34]

테스트 씨는 무의미한 고통을 겪는 과민한 현대 후기의 인간을 선취한다. 정신이 자신의 무력함을 선언하는 고통의 한계선은 오늘날 빠르게 낮아지고 있다. 서사 능력으로서의 **정신**은 자신을 빠르게 철거하고 있다. 환경이 우리에게 주는 고통이 갈수록 줄어들고 있는 바로 이 현대에 우리의 고통 신경은 점점 더 민감해지는 듯하다. 과민성이 자라나고 있다. 다름 아닌 고통공포가 우리를 지극히 민감하게 만든다. 고통공포는 심지어 고통을 유발할 수도 있다. 외부로부터 오는 수많은 고통을 막아내야 하는 훈육된 몸은 둔감하다. 이 몸은 완전히 다른 지향성을 갖는다. 이 몸은 자신에게 관심이 없다. 오히려 이 몸은 외부를 지향한다. 반면 우리의 관심은 훨씬 더 우리 자신의 몸에 쏠려 있다. 테스트 씨처럼 우리도 강박적으로 몸속에 귀를 기울인다. 이 **나르시시즘적이고 건강염려증적인 내면관찰**이 우리의 과민성의 한 가지 원인일 것이다.

안데르센의 동화 〈공주와 완두콩〉은 현대 후기 주체의 과민성에 대한 우화로 읽을 수 있다. 매트리스 아래에 놓인 완두콩 하나가 너무 큰 고통을 주어서 장래의 공주는 밤새 잠들지 못한다. 오늘날 사람들은 "공주와 완두콩 신드롬"[35]을 앓고 있다고 해도 좋을 것이다. 이 고통 신드롬의 역설은 우리가 더 적은 것으로 인해 더 큰 고통을 느낀다는 것이다. 고통은 객관적으로 확인할 수 있는 크기가 아니라 주관적 감각이다. 의학에 대한 기대가 커지고 고통이 의미를 상실할수록 경미한 고통조차도 견딜 수 없는 것처럼 느껴진다. 우리에게는 고통을 지붕으로 덮어주고 견딜 수 있게 해주는 어떤 의미연관도, 서사도, 더 높은 심급이나 목적도 없다. 고통을 주는 완두콩이 사라지면 인간은 부드러운 매트리스로 인해 고통받는다. 바로 삶의 지속적인 무의미함 그 자체가 우리에게 고통을 주는 것이다.

고통의 간지

고통은 사라지지 않는 것 중 하나임이 분명하다. 고통은 그 현상 형태를 바꿀 뿐이다. 융어는 고통이 사라지게 할 수 없는 기본적 힘 중 하나라고 생각했다. 융어는 현대인을 뱃사람 신드바드에 비유했다. 신드바드는 어떤 섬에서 맛있는 것을 배불리 먹고 여기저기 돌아다니는데, 사실 이 섬은 거대한 물고기의 등이다. 등에 불이 붙자 물고기는 놀라서 깊은 물속으로 들어간다. 신드바드는 바다로 내던져진다. 융어에 따르면 우리는 "오랫동안 얼어붙은 바다 위를 걸어가던 방랑자의 상황"에 놓여 있다. "이제 기온이 변하고, 수면은 갈라져 거대한 유빙들로 해체되기 시작한다."[36] 고통은 얼음의 갈라진 틈 사이로 어둡게 어른거리는 요소다. 우리는 안전하다고 착각하지만

이 안전감은 "평균적인 안락함을 위해 고통을 가장자리로 밀어냄으로써"[37] 만들어진 것이다. 그러나 인간을 기본적인 힘들로부터 지켜주는 둑이 높아질수록 위험도 커진다.

최근 발생한 팬데믹은 기본적 힘들에 맞서 쌓아올린 둑이 언제든 무너질 수 있다는 것을 보여준다. 고생물학자 앤드루 H. 놀에 따르면 인간은 다른 동물들과 함께 "진화의 아이싱evolution's icing"을 구성할 뿐이다.[38] 반면 "케이크" 자체는 언제든 이 부서지기 쉬운 표면을 부수고 재정복하려고 위협하는 미생물들로 구성된다. 물고기의 등을 안전한 섬이라고 착각하는 뱃사람 신드바드는 인간의 무지를 가리키는 메타포로서 오래 남을 것이다. 인간은 자신이 안전하다고 여기지만, 이 인간이 기본적인 힘들에 붙잡혀 심연으로 추락하는 것은 시간 문제일 뿐이다. 바로 인류세에 이르러 인간은 과거 어느 때보다 더 다치기 쉬운 상황에 빠졌다. 인간이 자연에 가하는 폭력은 더 큰 위력으로 인간에게 되돌아올 것이다.

융어는 고통을 사라지게 할 수 없다고 생각했다. 그는 고통의 경제학에 대해 말한다. 고통이 억압되면 은밀한 곳에서 축적되어 "보이지 않는 자본"이 된다. 이 자본은 "이자와 이자의 이자를 통해 증식한다."[39] 윙어는 헤겔이 말한 "이성의 간지奸智, List"를 차용하여 "고통의 간지"를 주장한다. 고통은 한 방울씩 삶 속으로 서서히 스며들어 결국 삶을 가득 채우는 방식으로 인공적인 차단막을 우회한다는 것이다. "그러나 고통이 삶에 대해 갖는 권리만큼 확실한 권리는 없다. 고통이 절약되는 곳에서는 아주 특정한 경제학 법칙에 따라 균형이 다시 회복된다. 잘 알려진 표현을 변형시켜 우리는 이를 어떤 방식으로든 목적을 달성하는 '고통의 간지'라고 말할 수 있을 것이다. 따라서 우리는 편안함이 넓게 펼쳐진 상태를 보게 된다면 짐을 짊어지고 있는 곳은 어디냐고 곧장 물어볼 수 있다. 일반적으로 고통을 찾아내기 위해 멀리 갈 필요가 없다. 이런 편안한 곳에서조차 우리는 개인들이 안전함을 한창 향유하는 중에도 고통으로부터 완전히 벗어나 있지는 않음을 알게 된다. 기본적 힘들을 인공적으로 차단하면 거친 접촉을 피하고 선명한 그림자를 지울 수는 있겠지만, 그 대신 고통이 산란하는 빛으로 공간을 채우는 것까지 막을 수는 없다. 한꺼번에 쏟아지는 물을 막아내는 통이 물방울 하나하나로 채워진다. 권태라는 것도 바로 고통이 시간 속에서 해체된 것이다."[40]

융어가 주장하는 고통의 간지는 설득력이 아주 없지는 않다. 분명 삶에서 고통을 몰아낼 수는 없는 것 같다. 고통은 삶에 대한 자신의 주장을 온갖 방법으로 관철시키는 듯하다. 통증의학이 매우 발전되었음에도 불구하고 고통은 줄어들지 않고 있기 때문이다. 많은 종류의 진통제가 있지만 고통은 정복될 수 없다. 융어의 표현을 빌리자면 고통의 선명한 그림자는 지워졌지만, 그 대신 산란하는 빛이 공간을 채운다. 고통은 희석된 형태로 넓게 살포된다. 오늘날 만성 통증이 대량으로 발생하는 것은 융어의 주장이 옳았음을 입증해주는 것 같다. 가장자리로 밀려난 **무언의** 고통이, 의미도 언어도 형상도 없이 지속되는 고통이 고통 적대적인 진통사회에서 증가하고 있다.

고통의 근저에는 다양한 형태의 폭력이 놓여 있다. 예컨대 억압은 **부정성의 폭력**이다. 타자가 억압을 행사한다. 그러나 타자만이 폭력을 행사하는 것은 아니다. 과도한 성과, 과도한 소통, 과도한 자극으로 나타나는 긍정성의 과잉도 폭력이다. **긍정성의 폭력**은 부하負荷로 인한 고통을 낳는다. 오늘날 주로 심리적 긴장이 고통을 낳고 있는데, 이런 긴장은 신자유주의적 성과사회의 특징이다. 이런 긴장은 자기공격적인 양상을 드러내고 있다. 성과주체는 자신에게 폭력을 가한다. 성과주체는 쓰러질 때까지 자발적으로 자신을 착취한다. 노예는 주인이 되기 위해, 나아가 자유를 얻기 위해 주인의 손에서 채찍을 빼앗아 자신을 때린다. 성과주체는 자신과 전쟁을 벌인다. 이 전쟁에서 발생하는 내적 **압박**Pression은 성과주체를 우울 Depression로 몰아넣는다. 또한 만성적인 고통을 낳는다.

오늘날 자해하는 태도가 급증하고 있다. "자상刺傷"이 전 세계적인 팬데믹으로 번지고 있다. 자신의 몸에 낸 깊게 베인 상처를 찍은 사진이 소셜네트워크에서 유통되고 있다. 이런 사진들은 누구나 견디기 힘들 정도로 자기 자신을 짐으로 짊어지고 있는, 나르시시즘이 지배하는 사회를 보여준다. 자상은 이런 자아의 짐을 내던지고, 자신으로부터, 파괴적인 내적 긴장으로부터 벗어나고자 하는 가망 없는 시도다. 이 새로운 고통의 사진들은 **셀카의 피 흐르는 뒷면**이다.

빅토르 폰 바이츠제커는 치유의 원상原象을 다음과 같이 서술한다. "어린 누나가 어린 남동생이 아파하는 것을 보게 되면, 누나는 아무 지식이 없어도 하나의 방법을 찾아낸다. 그녀의 손은 동생의 몸을 어루만지면서 길을 찾고, 동생의 아픈 곳을 쓰다듬어주려고 한다. **이렇게 하여 어린 사마리아 여인은 최초의 의사가 된다.** 그녀는 근본적 작용에 대한 예감을 무의식적으로 갖고 있다. 이런 예감은 그녀의 간절한 마음을 손으로 이끌어주고, 그녀의 손이 효험 있게 만지도록 한다. 남동생이 경험하게 되는 것은 바로 이것, 즉 손이 도움을 준다는 것이다. 누나의 손이 어루만지는 느낌이 그와 그의 고통 사이에 끼어들고, 이 새로운 느낌이 고통을 밀어낸다."[41]

오늘날 우리는 이 치유의 원상으로부터 점점 멀어지고 있다. 치유하는 돌봄을 **어루만짐과 말 걸기**의 느낌으로 경험하는 일이 점점 더 드물어지고 있다. 우리는 고독과 고립이 증가하는 사회에 살고 있다. 나르시시즘과 자기중심주의가 고독과 고립을 첨예화한다. 경쟁이 심화되고 연대와 공감이 약해지는 것 또한 사람들을 갈라놓는다. 고독이, 가까움을 경험하지 못하는 것이 고통에는 증폭기처럼 작용한다. 아마도 만성적인 고통이나 자신에게 가한 자상은 모두 온정과 가까움, 나아가 사랑을 갈구하는 몸의 외침일 것이며, 오늘날 **접촉**이 드물어졌음을 웅변하는 경고일 것이다. 치유하는 **타자의 손**이 우리 곁에서 사라진 것이 분명하다. 어떤 진통제도 저 치유의 원상을 대신하지 못한다.

만성적 고통의 병인病因은 다양하다. 사회관계에서의
불화, 뒤틀림, 경직은 만성적 고통을 일으키거나 강화한
다. 만성적 고통이 견딜 수 없게 된 것은 무엇보다도 오
늘날의 사회가 의미를 상실했기 때문이다. 만성적 고통
은 의미를 상실한 우리 사회를, 우리의 **이야기를 잃어버린
시대**를 반영한다. 이런 사회와 시대 안에서 삶은 벌거벗
은 생존이 되었다. 진통제나 마음 연구가 해결할 수 있는
것은 거의 없다. 이것들은 그저 고통의 사회문화적인 원
인을 가릴 뿐이다.

진실로서의 고통

빅토르 폰 바이츠제커는 에세이 〈고통들〉에서 고통을 "살이 된 진실", "진실의 육화"라고 부른다. 결별이 고통을 줄 때, 그 이전에 맺어졌던 결속이 진실했음이 입증된다. 진실만이 고통을 준다. **모든 진실은 고통스럽다.** 진통사회는 진실 없는 사회이며 같은 것의 지옥이다. "삶의 질서의 짜임새"는 "고통이라는 아리아드네의 실"[42]을 따라 자신의 정체를 드러낸다. 삶의 질서는 "고통의 질서"다. 고통은 진실을 가늠하는 믿을 만한 기준이며, "살아 있는 것들의 현상 속에서 참과 거짓을 구별하는 도구"[43]다. 고통은 참된 결속이 위협받을 때만 나타날 수 있다. 따라서 고통이 없다면 우리는 눈이 멀고, 진실을 분간할 수도 없고, 인식할 능력도 잃는다. "이런 결별이 고통을 준다면 그 결속은 참된 것이었고 육화되어 있었다. 그리고 인간은 고통을 겪을 수 있을 때만 진실로 현존하며, 의식적으로든 무의식적으로든 사랑도 했던 것이다. 이렇게 세상의 짜임새에 대한 눈이 뜨인다. 고통을 겪을 능력이 있을 때, 존재자는 그저 기계적이고 공간적인 병존Nebeneinander을 넘어서서 진실한, 다시 말해 살아 있는 공존Miteinander을 진실로 실행하는 것이다."[44] 고통이 없다면 우리는 사랑하지도 살지도 않은 것이다. 삶은 **편안한 생존**을 위해 희생된다. 오직 살아 있는 관계만이, 진정한 공존만이 고통을 줄 수 있다. 반면 생명 없는 기능적인 병존은 심지어 그것이 파괴될 때도 고통을 주지 않는다. 살아 있는 공존을 죽은 병존과 구별시켜주는 것은 고통이다.

고통은 결속이다. 모든 고통스러운 상태를 거부하는 사람은 결속 관계를 맺을 능력이 없다. 오늘날 우리는 고통을 줄 수 있는 깊은 관계를 피한다. 모든 일이 고통이 억제된 안락구역 안에서 일어난다. 《사랑 예찬》에서 알랭 바디우는 어떤 데이트 포털의 광고 문구를 인용한다. "아픔 없이 사랑에 빠지는 것은 전혀 어렵지 않습니다!"[45] **고통으로서의 타자**가 사라진다. 타자를 성적 대상으로 사물화하는 소비로서의 사랑은 고통을 주지 않는다. 이런 사랑은 **타자에 대한 욕망**으로서의 에로스와 대립한다.

고통은 차이다. 고통은 삶을 **분절화하여 표현한다.** 우리는 제각기 다른 고통의 방언들을 통해서 비로소 몸의 기관들을 인식할 수 있다. 고통은 경계를 표시하며, 차이를 강조한다. 고통이 없다면 몸뿐만 아니라 세계 또한 무차별성 속으로 침몰한다. "그렇다면 고통은 어떤 결과를 낳는가?"라는 질문에 대해 폰 바이츠제커는 이렇게 대답한다. "첫째, 나는 무엇이 내 것이고 내가 무엇을 다 가지고 있는지를 고통을 통해 비로소 알 수 있게 된다. 나의 발가락, 나의 발, 나의 다리, 그리고 내가 서 있는 땅에서부터 위쪽으로 내 머리카락에 이르기까지 이 모든 것이 **나에게 속한다**는 사실을 나는 고통을 통해 알게 되며, 뼈와 허파, 심장, 골수가 지금 있는 거기에 있다는 것 또한 고통을 통해 알게 된다. 그리고 이 모든 것들은 저마다 자신의 고유한 고통의 언어를 갖고 있고, 자신의 고유한 '기관의 방언'을 쓴다. 물론 나는 내가 이것들을 갖고 있다는 사실을 다른 방법으로 인지했을 수도 있지만, 이것들이 내게 얼마나 소중한가 하는 것은 오로지 고통을 통해서만 깨달을 수 있다. 나는 오로지 고통을 통해서만 그 각각의 것들이 내게 얼마나 귀중하고 가치 있는 것인지를 알게 되고, 고통의 이런 법칙이 똑같은 방식으로 세상 및 세상 만물이 내게 지닌 가치를 온전히 결정한다."[46] 고통이 없다면 구별에 근거하는 가치평가가 불가능해진다. 고통 없는 세상은 같은 것의 지옥이다. 이런 세상을 지배하는 것은 무차별성이다. 이런 세상은 **독특함**을 소멸시킨다.

고통은 현실이다. 고통에는 현실을 깨닫게 하는 효과가 있다. 우리는 무엇보다도 고통을 주는 저항이 있을 때 현실을 지각한다. 진통사회에서의 지속적 마취는 세계를 탈현실화한다. 디지털화 또한 갈수록 저항을 축소시키며, 저항하는 상대, **대립, 대립체**를 점점 더 소멸시킨다. 지속적인 **좋아요**는 둔감함을, 현실의 해체를 낳는다. **디지털화는 무감각화다.**

가짜뉴스와 딥페이크가 존재하는 탈사실적 시대에는 **현실에 대한 둔감성**, 나아가 **무감각성**이 생겨난다. 우리를 이로부터 빼낼 수 있는 것은 오로지 고통스러운 **현실충격**Wirklichkeitsschock뿐이다. 바이러스에 대한 패닉 반응은 부분적으로 이 충격 작용에서 비롯된다. **바이러스가 현실을 복구한다.** 현실은 바이러스라는 **대립체**의 형태로 자신의 복

귀를 알린다.

고통은 자기 지각을 강화한다. 고통은 자아의 **모습을 드러낸다.** 고통은 자아의 **윤곽**을 표시한다. 증가하는 자상 행위는 나르시시즘적이고 우울에 빠진 자아가 자신을 확인하고 **느끼려는** 절망적인 시도로 볼 수 있다. 나는 고통을 느낀다, 그러므로 나는 존재한다. 실존감 또한 고통이 있어야 가능하다. 고통이 완전히 사라지면 고통을 대체할 다른 것을 찾게 된다. 인공적으로 만들어낸 고통이 구제책이 된다. 익스트림 스포츠와 모험적 태도는 자신의 실존을 확인하려는 시도들이다. 이렇게 진통사회는 역설적으로 **극단주의자들**을 만들어낸다. 고통의 **문화**가 없으면 야만이 생겨난다. "무감각화된 사회에서 사람들에게 생동감을 주려면 점점 더 강한 자극이 필요하다. 여전히 자기 경험을 가능하게 해주는 자극들로는 이제 마약, 폭력, 테러만 남아 있다."[47]

고통의 시학

카프카는 막스 브로트에게 보낸 한 편지에서 글쓰기란 "악마에 의해 괴롭힘을 당하고, 두들겨 맞고, 거의 산산조 각이 나는" 대가로 주어지는 "달콤하고 경이로운 보상"이 라고 말했다. 글쓰기는 견딜 수 없는 시련의 대가다. "햇볕 아래의" 글쓰기도 있지만, 카프카 자신의 글쓰기는 그의 삶을 거의 파괴하는 "어두운 위력"이 낳은 것이라고 한다. 그는 두려움으로 인해 잠들 수 없을 때 글을 쓴다 고 한다. 글쓰기가 없다면 삶은 "정신이상"[48]으로 끝날 수 밖에 없다고 한다.

프루스트도 글쓰기를 위해서 고통을 길렀다. 어린 시 절부터 프루스트의 삶은 병으로 뒤덮였다. 그는 평생 격

심한 천식 발작을 앓았다. 죽기 몇 년 전 그는 한 편지에서 이렇게 쓴다. "특히 지난 몇 달 동안 내 근심을 한순간도 떠나지 않았던, 이토록 견디기 힘든 육체적 고통을 겪어야 한다는 건 매우 화나는 일이지만, 나는 나의 이 고통에 애착을 느낀다. 고통이 나를 떠난다는 것은 생각만 해도 싫은 일이다." 고통이 프루스트의 펜을 이끈다. 그는 죽음에서조차 언어를, 나아가 **형식**을 끄집어낸다. 그리고 죽음이 자신의 글쓰기에 봉사하도록 만든다. 이런 **글쓰기의 열정**은 고통 없이는 불가능하다. "그는 마지막 순간까지 자신의 상태를 영웅적인 명료한 의식으로 분석했다. 그리고 그가 만들어낸 인물 베르고트의 죽음을 교정원고에서 더 입체적이고 더 진정하게 그려내는 데 이 메모들을 활용하고자 했다. 또한 이 메모들은 작가가 마지막으로 알 수 있었던, 죽음을 앞둔 사람만이 알 수 있는 몇몇 가장 내밀한 세부들을 묘사하려는 시도이기도 했다. [···] 이렇게 그는 죽음의 얼굴을 때린다. 이것이 죽음을 엿들음으로써 죽음에 대한 공포를 이겨낸 예술가가 행한 최후의 장엄한 몸짓이었다."[49]

슈베르트 또한 **고통의 인간**Homo doloris이다. 《겨울 여행》을 낳은 것은 고통이다. 그의 후기작들에는 그가 매독

으로 인해서도 겪어야 했던 견디기 힘든 고통이 깃들어
있다. 그가 받아들였던 수은요법은 말할 수 없는 고통을
수반하는, 말 그대로 고문이었다. 수은을 섭취했고, 온몸
에 수은이 퍼졌다. 환자는 여러 날 동안 아주 온도가 높
은 방에 머물러야 했다. 심지어 몸을 씻는 것도 허락되지
않았다. 아주 오래 걸으라는 지시도 받았다. 슈베르트는
죽기 직전까지 《겨울 여행》의 교정쇄를 손보았다. 그의
작품들은 사랑과 고통을 노래한다. 초기의 산문작품《나
의 꿈》에서 슈베르트는 이렇게 말한다. "내가 가곡을 노
래한 지도 오래, 아주 오래되었다. 사랑을 노래하려고 하
면 사랑은 내게 고통이 되었다. 다시 고통을 노래하려고
하면 고통은 내게 사랑이 되었다."**50**

　아름다움은 고통의 반대색이다. 고통 앞에서 정신은
아름다움을 상상한다. 정신은 고통으로 인해 일그러진
사람 앞에 온전한 것을 제시한다. 아름다운 가상은 그 사
람을 **진정시킨다.** 고통은 정신으로 하여금 현존하는 세계
에 맞서는, 삶을 견딜 수 있게 해주는 치유하는 반反세계
를 만들어내도록 한다. "고통에 맞서고자 하는 지성의 어
마어마한 긴장은 지성 앞에 나타나는 모든 것들이 새로
운 빛을 받아 반짝이게 만든다. 그리고 모든 새로운 조명

들이 낳는 말로 할 수 없는 매력은 흔히 너무나 강력하여 고통받는 자가 모든 자살의 유혹을 이겨내고 삶을 연장하는 것을 간절히 바라도록 만든다."[51] 고통은 상상력을 활성화한다. 니체는 예술이 현존의 견딜 수 없고 끔찍한 면들을 마술로 사라지게 해주는 "구원하는 마술사, 능숙하게 치료해주는 마술사"[52]라고 했다.

니체도 우리 시대의 사회를 진통사회라고 부를 것이다. 진통사회의 특징은 생의 감정이 매우 빈약해졌다는 것이다. 삶은 약화되어 **안락한 생존**이 된다. 건강이 새로운 여신으로 등극한다. 니체는 극단적인 고통과 시련에도 불구하고 삶을 긍정하는 **비극적인 것**이 삶으로부터 사라지고 있다고 말할 것이다. "솟구치는 생과 힘의 감정인 광란Orgiasmus 안에서는 고통조차도 흥분제 역할을 하는데, 내가 비극적 감정의 개념을 이해하는 데 결정적인 역할을 한 것이 바로 이 광란의 심리학이었다[…]."[53]

사회의 전반적인 마취화는 고통의 시학을 모조리 소멸시킨다. 마취는 고통의 미학을 몰아낸다. 진통사회에서 우리는 고통이 이야기하고 노래하게 만드는 방법, 고통을 언어화하고 서사로 이끄는 방법, 아름다운 가상으로 고통을 덮고 속여넘기는 방법을 완전히 잊고 만다. 오늘 날 고통은 미적 상상과 완전히 단절되었다. 고통은 의학 기술의 문제로 바뀌어 탈언어화된다. 이야기와 상상보다 진통제가 먼저 작용하여 이야기와 상상을 잠재운다. 처방된 만성 마취는 정신적인 둔감함을 낳는다. 고통은 이야기를 시작하기도 전에 중단된다. 진통사회에서 고통은 더 이상 인간을 바다로 이끌어주는, 배를 타고 운행할 수 있는 강, 이야기의 강이 아니다. 오히려 고통은 인간을 **막다른 골목**으로 이끈다.

프랑스의 작가 미셸 뷔토르는 문학이 위기를 맞았다고 진단한다. 그는 문학이 새로운 언어를 만들어낼 능력을 상실했다고 본다. "10년 혹은 20년 전부터 문학에서는 거의 아무런 일도 일어나지 않고 있다. 출판되는 작품들은 홍수를 이루지만, 정신적으로는 정지상태다. 원인은 소통의 위기에 있다. 새로운 소통수단들은 경이롭지만, 어마어마한 소음을 일으킨다."[54] 소통의 소음은 같은 것의 지옥을 지속시킨다. 무언가 완전히 다른 것, 전혀 비교할 수 없는 것, 전혀 있지 않았던 것이 생겨나는 것을 막는다. 고통이 억제된 안락영역은 같은 것의 지옥이다. 고통은 소통의 순환이 가속화되는 것을 방해하기 때문에 이

영역에서 쫓겨난다. 같은 것이 같은 것을 만날 때, 소통은
최고 속도에 도달한다. **좋아요**가 소통을 가속화한다. 고통
의 작용은 이와 반대다. 고통은 **침묵하는 경향**이 있다. 그
러나 이 경향이야말로 무언가 완전히 다른 것이 생겨나
는 것을 허용해준다.

오늘날 우리는 고통에 노출되는 것을 원하지 않는다.
그러나 고통은 새로운 것의 산파이자 완전히 다른 것의
조산사다. 고통의 부정성이 같은 것을 중단시킨다. 같은
것의 지옥인 진통사회에서는 어떤 고통의 언어도, 고통
의 시학도 가능하지 않다. 진통사회는 오로지 **안락함의 산
문**만을, 다시 말해 햇볕 아래의 글쓰기만을 허용한다.

고통의 변증법

정신은 고통이다. 정신은 오로지 고통을 통해서만 새로운 인식에, 더 높은 앎과 의식의 형태에 도달한다. 헤겔에 따르면 정신의 특징은 "모순 안에, 따라서 고통 안에 […] 머무른다는 것"[55]이다. 정신은 형성과정에서 자신과의 모순에 빠진다. 정신은 분열된다. 이 분열, 이 모순은 고통을 준다. 고통은 정신이 **자신을 형성**하도록 이끈다. 형성 Bildung은 고통의 부정성을 전제한다. 정신은 더 높은 형식으로 발전함으로써 고통스러운 모순을 극복한다. 고통은 정신의 변증법적 형성의 동력이다. 고통은 정신을 **변환시킨다.** 변환Verwandlung은 고통과 결합되어 있다. 고통이 없다면 정신은 동일한 상태에 머무른다. 형성의 길은 **고통의 길**via dolorosa이다. "따라서 다른 것, 부정적인 것,

모순, 분열은 정신의 본성에 속한다. 이 분열 속에서 **고통**이 가능해진다. 그러므로 어떤 방식으로 고통이 세계 안으로 들어왔느냐 하는 질문이 제기되었을 때 사람들이 잘못 생각했듯이 고통은 외부로부터 정신으로 오는 것이 아니다."[56] 정신은 "절대적인 분열 속에서 자신을 발견할 때만 진리를 획득한다."[57] 정신의 위력은 "부정적인 것을 똑바로 쳐다보고" "부정적인 것의 곁에 머물러 있을 때"[58] 드러난다. 이에 반해 "부정적인 것을 외면하는 긍정적인 것"은 "죽은 가상"으로 쪼그라든다. 고통의 부정성만이 정신을 살아 있게 해준다. **고통이 삶이다.**

고통이 없으면 기존의 것과 근본적으로 결별하는 **인식**은 불가능하다. 엄밀한 의미에서의 **경험**Erfahrung도 고통의 부정성을 전제한다. 경험은 변환의 고통스러운 과정이다. 고통을 감수하고 치르는 것이 경험의 한 계기다. 이 점에서 경험은 상태의 어떤 변화도 낳지 않는 체험 Erlebnis과 다르다. 체험은 변환시키는 대신 향유한다. 고통만이 근본적인 변화를 낳는다. 전통사회에서는 같은 것이 지속된다. 우리는 온갖 곳들을 돌아다니면서도 **경험**은 전혀 하지 못한다. 우리는 온갖 것들에 대한 지식을 얻으면서도 **인식**에는 도달하지 못한다. **정보**는 경험도 인식도 낳지 못한다. 정보에는 **변환의 부정성**이 빠져 있다.

고통의 부정성은 사유에 필수적이다. 사유를 계산 및 인공지능과 구별되게 하는 것은 고통이다. 지능이란 **어떤 것들 사이에서 선택하는 것**inter-legere을 말한다. 지능은 구별능력이다. 따라서 지능은 기존의 것들을 벗어나지 않는다. 지능은 **완전히 다른 것**을 산출하지 못한다. 이 점에서 지능은 **정신**과 다르다. 고통은 사유에 깊이를 부여한다. 그러나 깊은 계산이란 없다. 사유의 **깊이**란 무엇인가? 계산과 반대로 사유는 세계에 대한 완전히 다른 관점을, 나아가 **다른 세계**를 산출해낸다. 오직 살아 있는 것, 고통의 능력이 있는 삶만이 사유할 수 있다. 인공지능에는 바로 이 삶이 없다. "우리는 생각하는 개구리도 아니고, 내장이 차갑게 식은 객관화하는 기록 장치도 아니다. 우리는 항상 우리의 고통으로부터 우리의 생각을 출산해야 하고, 우리 안에 있는 모든 피, 심장, 열기, 쾌감, 정열, 고통, 양심, 운명, 숙명을 어머니처럼 생각에 제공해주어야 한다."⁵⁹ 인공지능은 계산장치일 뿐이다. 물론 인공지능은 학습능력이 있고 딥 러닝 능력도 있지만 경험을 하는 능력은 없다. **고통이 비로소 지능을 정신으로 변환시킨다. 고통의 알고리즘**은 미래에도 없을 것이다. 니체에 따르면 "커

다란 고통만이", "충분한 시간을 갖는" "길고 느린 고통"
만이 "정신의 마지막 해방자"다. 이런 고통은 "우리 철학
자들로 하여금 우리 안의 가장 깊은 심연으로 파고들게
하고, 아마도 예전에는 우리의 인간성이 담겨 있다고 생
각했던 모든 신뢰와 선량함, 은근함, 온유함, 평범함을 내
던지게 한다."[60]

고통과는 반대로 건강은 비변증법적이다. 건강을 최고
의 가치로 간주하는 진통사회는 같은 것의 지옥 안에 갇
혀 있다. 진통사회에는 변환의 변증법적 힘이 없다. 니체
는 고통을 자기 안에 수용하는 더 높은 건강을 구상했다.
"내 오랜 지병에 대해 말하자면, 나는 내 건강보다 이 지
병으로부터 이루 말할 수 없이 더 많은 것을 얻지 않았는
가? 나는 지병으로부터 **더 높은** 건강을 얻었다. 이 더 높
은 건강은 자신을 죽이지 않는 모든 것들에 의해 더 강력
해진다! **나는 이 더 높은 건강으로부터 내 철학도 얻었다**…"[61]
니체는 심지어 **모든 가치의 재평가**Umwertung aller Werte도
고통에서 출발한다고 말한다. 고통은 익숙한 의미연관을
뒤흔들고, 모든 것에 새로운 조명을 비추는 근본적인 관
점 전환을 하도록 정신에게 강요한다. 쾌감과는 반대로
고통은 **성찰과정**이 일어나게 한다. 고통은 정신에게 "최상

의 변증법적 명료함"을 부여한다. 고통은 정신이 **더 잘 볼 수 있게** 한다. 고통은 전적으로 새로운 관점을 연다. "나의 경우, 정신의 온전한 밝음과 쾌활함이 가장 심각한 생리학적 허약함뿐만 아니라 심지어 극단적인 고통의 느낌과도 결합할 수 있다. 힘겹게 가래를 토하게 하는 지속적인 고통으로 인해 지옥과 같은 괴로움을 겪으면서 나는 최상의 변증법적 명료함에 도달했고, 건강한 상태에서는 올라갈 능력도, 노련함도 부족하여 도달할 수 없었던 것들에 대해 면밀하게 생각했다. […] 나는 **관점을 바꿀 수 있고**, 그럴 능력이 있다. 그래서 오로지 내게만 **모든 가치의 재평가**가 가능했다."[62]

진통사회는 부정적인 것의 곁에 머무르는 대신 온 힘을 다해 그것을 피한다. 긍정적인 것을 고수하면 같은 것이 재생산된다. "**같은** 형식 안에 고집스럽게 머무르는 태도"는 고통공포로 인한 것이다. "**영원히 파괴해야만 하는 자**로서 영원히 창조하는 자"는 "고통에 묶여 있다." 고통은 창조하는 자가 "기존의 것을 근거 없는 것, 잘못된 것, 부정할 만한 것, 추한 것으로 느끼도록 강요한다."[63] 따라서 고통이 없으면 어떤 혁명도, 새로운 것을 향한 출발도, 역사도 없다.

고통의 존재론

고통은 우리가 짐작하지 못하는 지점에서 그 치유력을
선물한다.

— 마르틴 하이데거

노래할 수 있는 잔여 — 낫글자를 거쳐
소리 없이 모습을 드러낸
그것의 윤곽,
외딴 곳에서, 눈 내린 곳에서.

— 파울 첼란

 하이데거는 융어의 〈고통에 대하여〉에 관한 메모에

서 이렇게 쓴다. "고통 자체는 어디서도 전혀 다루지 않는 〈고통에 대하여〉라는 논문. 고통의 본질은 묻지 않는다. 고통을 대상화하는 태도가 지배적이어서 고통의 비밀에 전혀 도달할 수 없기 때문에 이 질문의 필요성을 단한 번도 제시하지 않는다."[64] 융어는 누구나 고통이 무엇인지 안다고 당연히 전제한다. 그의 관심은 우리가 고통과 맺고 있는 관계에 쏠려 있다. "고통은 우리가 가장 내면적인 것뿐만 아니라 동시에 세계도 파악하는 열쇠 중하나다. 인간이 고통을 견디거나 이겨내는 모습을 보이는 지점들에 접근해보면, 우리는 고통이 지닌 위력의 원천을, 그리고 이 고통의 지배 뒤에 숨어 있는 비밀을 들여다볼 수 있게 된다. 네가 고통과 맺고 있는 관계를 말하라. 그러면 나는 네가 누군지 말해주겠다!"[65] 이에 대해하이데거는 이렇게 지적한다. "네가 존재에 대해 무엇이든 아는 것이 있는 경우, 네가 존재와 맺고 있는 관계를 말하라. 그러면 나는 네가 '고통'에 대해 어떻게 '숙고'할것인지, 혹은 그렇게 하기는 할 것인지, 혹은 고통을 반추反芻할 수 있는지 말해주겠다!"[66]

반어법적인 언술로 보이는 하이데거의 융어에 대한 응답에는 철학적 핵심이 있다. 하이데거는 고통에 대한 질문을 존재로부터 출발하여 다루려고 한다. 존재가 비로소 고통의 "본질"과 "비밀"에 대한 접근을 가능하게 해준다. 하이데거는 **존재는 고통이다**라고 말할 것이다. 그러나 이 말은 인간의 실존이 특별히 고통스럽다는 뜻이 아니다. 오히려 하이데거는 **고통의 존재론**을 염두에 두고 있다. 그는 존재를 거쳐 고통의 "본질"로 파고들고자 한다. "어마어마한 고통이 대지 위를 기어다니고 질주한다. 고통의 밀물은 여전히 불어나고 있다. 그러나 고통의 본질은 자신을 숨긴다. […] 무수하고 무절제한 고통이 우리를 압박한다. 그러나 우리는 고통을 모르고, 고통의 본질을 간파하지 못한다."[67]

하이데거의 사상은 존재와 존재자 사이의 존재론적 차이에서 출발한다. 존재 덕분에 존재자는 명백함을 갖게 되고, 이해될 수 있다. 존재가 먼저 파악되어야 존재자에 대해 이해하는 태도를 취하는 것이 가능해진다. 나의 관심을 어떤 대상으로 돌리기 전에, 나는 이미 **성찰 이전에** vorreflexiv 파악된 세계 안에 **있다**. 그래서 하이데거는 기분Stimmung이 세계를 파악하는 힘을 갖고 있다고 말한다. 성찰 이전에 기분을 통해 파악된, 그러나 따로 의식되지는 않는 세계는 대상을 향하는 지향성에 선행한다. "기분은 이전에 이미 전체로서의 세계 내 존재를 파악했고, …을 향하는 것을 비로소 가능하게 한다."[68] 기분과 같은 현상들은 이미 하이데거의 사유가 **마음대로 할 수 없는 것**das Unverfügbare을 향하고 있음을 보여준다. 우리는 성찰 이전에 파악된 세계를 마음대로 할 수 없다. 우리는 이 세계 안으로 **내던져졌고**, 내맡겨졌고, 이 세계에 의해 **기분으로** 규정되어 있다be-*stimmt*. 실로 기분은 우리가 어찌할 수 없는, 우리를 **덮치는** 어떤 것이다.

후기 하이데거는 존재를 사물의 "수원水源"[69]으로 신비화한다. 존재는 사물을 산출하지는 않지만, 사물이 각각 **있는** 상태에 도달하게 한다. 인간 또한 존재 덕분에 현존한다. "인간의 기분은 자신의 본질이 기분으로 규정되어 있는 것에 의해 정해져 있다. 기분으로 규정되어 있는 것 안에서 인간은 목소리를 만나게 되고 목소리Stimme에 의해 호출된다. 이 목소리는 소리를 내는 것들 사이에서 소리 없이 울려 퍼질수록 더 순수한 소리를 낸다."[70] 인간의 현존을 **기분으로** 규정하고be-*stimmt* **기분으로** 조율하는durch-*stimmt* 저 소리 없는 목소리는 전혀 마음대로 할 수 없다. 이 목소리는 **다른 곳**으로부터, **완전한 타자**로부터 온다. 사유는 고통이며, "벗어나는, 벗어남 속에서 망설이는"**71** 비밀을 향한 열정이다.

하이데거는 언어를 **주어지는 것**Gabe으로 파악한다. 인간은 이 주어진 것에 **응함으로써** 말한다. 인간은 언어를 마음대로 할 수 없다. 존재와 존재자 사이의 존재론적 차이는 언어 또한 규정한다. "말이 부서지는 곳에서 '있다ist'가 나타난다. 여기서 부서짐은 소리 내는 말이 소리 없는 것으로, 거기서부터 소리 내는 말이 주어진 곳, 즉 정적Stille의 울림으로 되돌아간다는 뜻이다[…]."**72** "있음ist"은 언어의 마음대로 할 수 없는 근원을 표시한다. **정적으로서의 이 근원은** 소리 내는 말로 가지고 올 수 없다. 말이 부서질 때 비로소 우리는 정적을 듣는다. 오직 문학만이 저 소리 없는 정적을, 소리 내는 말을 통해 소리 없이 모습을 드러내는 저 **노래할 수 있는 잔여**를 들을 수 있다. 문학은 읽을 수 있는 것을 그것의 출처인 **읽을 수 없는 것**에게 되돌려준다. 읽을 수 있는 것과 노래할 수 있는 것이 봉합되는 **이음새**는 **고통을 준다.** 하이데거의 "재봉사"**73**는 고통을 감독한다. 고통은 **정적이, 마음대로 할 수 없는 외부가** 사유 안으로 침투하는 균열이다. 노래할 수 있는 잔여는 **고통을 이해하게 해주는 운**韻이다.

고통은 인간 유한성의 근본 기분이다. 하이데거는 죽음에서 출발하여 고통을 사유한다. "고통은 작은 죽음이다. 죽음은 큰 고통이다."[74] 하이데거의 사유는 "고통과 죽음과 사랑이 결합되는"[75] 저 본질의 영역을 추적한다. 바로 **타자의 마음대로 할 수 없음**Unverfügbarkeit이 에로스로서의 사랑을 일깨워 유지한다. 에로스는 내가 취할 수 없는 **타자를 욕망하는 것**이다. 죽음은 생물학적 과정으로 간주된 삶의 단순한 끝이 아니다. 오히려 죽음은 특별한 **존재 방식**이다. "존재의 비밀"로서 죽음은 삶 속까지 미친다. 죽음은 "무無, 다시 말해 모든 측면에서 결코 단순한 **존재자**는 아니면서도 존재하는 것, 심지어 **존재** 자체의 비밀로서 존재하는 것이 담긴 함函"[76]이다. 죽음은 인간이 마음대로 할 수 없는 것, 인간으로부터 유래하지 않은 완전한 타자와 관계를 맺고 있음을 의미한다.

존재는 오로지 고통 속에서만 "닮 속에 머물러 있는 순수한 가까움"[77]을 들을 수 있다. 고통은 인간이 그가 마음대로 할 수 없는 것, 그에게 멈출 곳과 머무를 곳을 제공해주는 것을 인지할 수 있게 해준다. 고통은 인간의 현존재를 **떠받쳐준다.** 이 점에서 고통은 쾌감과 다르다. 고통은 벗어날 수 있는 일시적인 상태가 아니다. 오히려 고통은 인간 현존재의 **중력**을 형성한다. "기쁨이 커질수록 그 안에 숨어 있는 슬픔도 더 순수해진다. 슬픔이 깊을수록, 그 안에 머물러 있는 기쁨도 더 간절히 부른다. 슬픔과 기쁨은 서로의 안으로 들어가 유희한다. 멂이 가까워지게, 그리고 가까움이 멀어지게 함으로써 기쁨과 슬픔이 서로 어울리도록 조율하는 유희 자체가 **고통**이다. 그래서 가장 높은 기쁨과 가장 깊은 슬픔은 각각 나름의 방식으로 고통스럽다. 그러나 고통은 유한자의 정조Gemüt를 조정하여anmuten 유한자가 고통으로부터 자신의 중력을 얻도록 한다. 모든 동요에도 불구하고 유한자가 자신의 본질 안에 고요히 머무를 수 있는 것은 이 중력 덕분이다. 고통에 조응하는 '정조muot', 고통에 의해, 고통을 향해 조율된 마음이 우울이다."**78**

은폐는 하이데거 사상의 기본형상이다. "노출"로서의 진리에는 본질적으로 "은폐"가 포함된다. "빈터"로서의 존재는 어두운 숲에 에워싸여 있다. "대지" 또한 전혀 개입할 수 없는, "본질적으로 자신을 폐쇄하는 것"이다. "이렇게 대지는 자기 안으로 들어오려는 모든 침투를 자신의 경계에서 산산조각낸다. 대지는 그저 계산적일 뿐인 모든 간섭을 파괴로 바꿔놓는다. 이런 간섭은 자연의 기술적-과학적 대상화라는 형태로 지배 혹은 진보의 가상을 취할 수는 있겠지만, 이 지배는 의지의 무기력함일 뿐이다. 대지는 본질적으로 개척할 수 없는 것으로서의 자신이 유지되고 보호될 때만 빈터에서 자신의 실제 모습을 드러낸다. 이 개척할 수 없는 것은 모든 개척 시도를 거부한다. 다시 말해 항상 자신을 은폐한다. […] 대지는 본질적으로 자신을 폐쇄하는 것이다."[79] 개척해야 할 자원으로 취급될 때, 우리가 아무리 '지속가능하게' 다룬다고 해도 대지는 이미 파괴되어 있다. 대지는 "본질적으로 개척할 수 없는 것"이기 때문이다. 대지에 대한 완전히 다른 관계가 이루어질 때만 **대지의 구원**이 가능하다. 우리는 대지를 **보호**해야 한다. 보호에 본질적으로 속하는 것이 마음대로 할 수 없음의 경험이다. 보호는 땅이 그 타자성과 낯섦 안에 머물도록 놓아둔다. **보호는 거리두기를 명령한다.**

땅의 질서, 대지의 질서는 오늘날 종말을 맞고 있다. 이 질서는 디지털 질서에 의해 대체된다. 하이데거는 땅의 질서를 사유한 마지막 사상가다. 죽음과 고통은 디지털 질서에 속하지 않는다. 그것들은 그저 **방해**일 뿐이다. 슬픔과 동경도 의심스러운 것들이다. 디지털 질서는 **가까움**

의 **멂이 주는 고통**을 모른다. 가까움 안에는 멂이 기입되어 있다. 디지털 질서는 가까움을 얄팍하게 만들어 거리 없음으로 바꿈으로써 가까움이 고통을 주지 않게 한다. 마음대로 할 수 있어야 한다는 강제는 모든 것을 도달할 수 있고 소비할 수 있는 것으로 바꾼다. **디지털 아비투스**는 무엇이든 곧장 마음대로 할 수 있어야 한다는 태도를 갖는다. 디지털 질서의 목적은 모든 것을 마음대로 처리할 수 있게 하는 것이다. 디지털 질서에는 "할 수 없는 것 앞에서 주저하는 머뭇거림의 느림"[80]이 없다.

비밀은 땅의 질서에 본질적이다. 반대로 디지털 질서의 구호는 **투명성**이다. 투명성은 모든 은폐성을 제거한다. 디지털 질서는 언어 또한 투명하게 만든다. 언어를 정보로 사물화함으로써 마음대로 처리할 수 있게 바꾸는 것이다. 정보에는 은폐된 **뒷면**이 없다. 세계는 데이터로 바뀌면서 투명하게 변한다. 알고리즘과 인공지능은 인간의 태도 또한 투명하게 만든다. 계산할 수 있고 조종할 수 있게 바꾸는 것이다. 디지털 질서는 데이터주의 Dataismus, 데이터 전체주의에 빠져 있다. 디지털 질서는 서사Narration를 덧셈Addition으로 대체한다. 디지털이라는 말은 숫자적인 것을 말한다. 숫자적인 것은 서사적인 것보다 더 투명하고 마음대로 처리하기 쉽다.

　마음대로 할 수 없음은 오늘날 마음대로 할 수 있음의
일시적인 중단만을 의미한다. 마음대로 할 수 있는 것들
로 이루어진 세계는 오직 소비만 할 수 있다. 그러나 세
계는 마음대로 할 수 있는 것들의 총계 이상의 것이다.
마음대로 할 수 있는 세계는 **아우라**를, 나아가 **향기**를 잃
는다. 이 세계는 **머무름**을 허용하지 않는다. 마음대로 할
수 없음은 타자의 다름, 즉 **타자성**Alterität이라는 특징을
갖는다. 타자성은 마음대로 할 수 없는 것이 소비의 대상
으로 전락하는 것을 막는다. "근원적 거리"[81]가 없다면 타
자는 **너**가 아니다. 타자는 **그것**으로 사물화된다. 타자는
그 다름 속에서 **호출**되는 대신 소유된다.

　고통은 **다른 가시성**을 연다. 고통은 오늘날 우리가 잃어
가고 있는 지각기관이다. 디지털 질서는 **마취적**이다. 이
질서는 특정한 시간 및 지각의 형태를 철폐한다. 하이데
거는 디지털 질서가 존재 망각으로 이끈다고 말했을 것
이다. 즉각적으로 점유하려는 조급함과 강제는 길고 느
린 것을 소멸시킨다. 길고 느린 것은 모자란 것이 없기
때문에 배타적이지 않다. 그것은 가속화할 수 있는 과정

을 나타내지 않는다. 오히려 그것은 고유한 시간성과 고유한 현실과 **고유한 향기**를 갖는다. 마음대로 할 수 있는 것에는 **향기가 없다.** 길고 느린 것은 후퇴하면서 **주저한다.** 그것은 **더디게 오는 자,** 나아가 **더디게 빛을 비추는 자**다. 더딤이 그것의 걷는 방식이다. 이에 반해 디지털적인 것의 시간성은 **즉각적**이다.

오늘날에는 정신적 태도로서의 **인내와 기다림** 또한 침식되고 있다. 인내와 기다림은 모든 것을 마음대로 처리할 수 있게 해야 한다는 강제로 인해 사라지고 있는 하나의 현실에 접근할 수 있게 해준다. 길고 느린 것 안에서 인내하는 기다림은 특별한 의도성을 갖는다. 기다림은 마음대로 할 수 없는 것에 순응하는 태도다. 이 기다림은 **어떤 것을 기다리는 것**이 아니라 **어떤 것 안에서 기다리는 것**을 말한다. 안에 서 있음In-Ständigkeit이 이 기다림의 특징이다. 이 기다림은 마음대로 할 수 없는 것에 자신을 밀착시킨다. 포기가 **의도 없는 기다림**의 기본적인 특징이다. 포기는 **준다**gibt. 포기는 마음대로 할 수 없는 것을 감지할 수 있게 해준다. 이런 점에서 소비와 반대다. 하이데거에 따르면 "포기해야 함과 내어줌을 슬픔 속에서 견디는 것"이 "잉태"[82]다. 고통은 어떤 결핍을 가리키는 주관적 느낌이 아니라 잉태, 나아가 존재의 잉태다. **고통은 주어지는 것**Gabe**이다.**

고통의 윤리학

고통에 대한 융어의 성찰을 지속적으로 규정하는 것은 규율의 관념이다. 융어는 사진과 영화와 같은 현대의 매체들 역시 인간을 고통에 둔감하게 만들어야 하는 규율 기술과 결부시킨다. 이런 현대의 매체들은 겉으로만 오락을 추구한다. 그러나 뒤에서는 시각을 규율한다. "방송과 영화와 같은 총체적인 매체들은 오락적 성격을 내세우지만, 그 뒤에는 규율의 특수한 형태들이 숨어 있다."[83] 융어에 따르면 카메라의 촬영은 "감수성의 영역 바깥"에서 진행된다.[84] 촬영하는 카메라의 시선은 차갑다. 예컨대 카메라는 인간이 폭발로 인해 찢어지는 순간에 그 인간을 촬영한다. 카메라는 인간 눈의 규율된 시선을 체현한다. 사진은 "우리에게 고유한, 더욱이 잔인한 보기 방식의 표현"이다.[85] 영화에서는 "냉정한 잔혹성이 비상한 정도로" 표현된다. "지극히 안락한 상태들 사이에 같은 시각 지구의 한 지역을 파괴하는 대재앙의 영상을 삽입하는 동시성"[86]은 관객을 둔감하게 만든다. 관객의 침묵은 "고대의 잔해가 오늘날까지 황소들의 싸움으로 존속되는 남유럽의 경기장에서 관찰할 수 있는 거친 분노보다 훨씬 더 추상적이고 잔인하다."[87]

우리 시대에는 시각의 규율화가 더 이상 실행되지 않는다. 디지털 매체는 규율 매체가 아니다. 오늘날 우리는 규율사회가 아니라 모든 것을 소비할 수 있게 만드는 소비사회에 살고 있다. 우리는 폭력 영상에 대해서도 포르노그래피적인 태도를 취한다. 영화와 컴퓨터 게임에서 우리는 말 그대로 **폭력의 포르노**에 자신을 맡긴다. 폭력의 포르노는 살인조차 고통 없는 사건으로 만든다. 포르노그래피적인 폭력 영상은 진통제처럼 작용한다. 이런 영상은 우리가 타인의 고통에 대해 둔감해지도록 한다.

대중매체와 네트워크에서 과도하게 등장하는 고통과 폭력의 영상들 또한 우리가 침묵하는 관객의 수동성과 무관심성에 빠져들도록 강요한다. 이런 영상들은 너무나 대량으로 유포되기 때문에 우리는 이 영상들을 인지적으로 처리할 수 없다. 이 영상들은 그것을 지각하도록 우리를 압박한다. 그것들은 수전 손택이 고수하는 도덕적 명령, 즉 "그 그림은 말한다. 그것이 끝나게 하라, 개입하라, 행동하라"[88]라는 명령을 낳지 않는다. 폭력과 고통을 보여주는 대량의 영상들은 지각을 행동으로부터 완전히 분리시킨다. 집중적인 관심과 **당혹감**Betroffenheit이 있어야 행동이 일어날 수 있기 때문이다. 우리의 관심이 파편화된 것만으로도 이미 당혹감은 생겨날 수 없다.

인간이 타인의 고통에 대해 관음적인 태도를 취한다는 흔한 인간학적 가정은 공감 능력이 급속히 줄어드는 것을 충분히 설명할 수 없다. 갈수록 공감이 상실되어가는 것은 **타자의 소멸**이라는 근본적인 사건이 일어나고 있음을 보여준다. 진통사회는 고통으로서의 타자를 제거한다. 타자는 대상으로 사물화된다. **대상이 된 타자는 고통을 주지 않는다.**

팬데믹의 시대에는 타자의 고통이 더욱더 멀어진다. 타자의 고통은 '사건의 수'로 해체된다. 사람들은 중환자실에서 사람의 온정을 전혀 느끼지 못한 채 외롭게 죽는다. 가까움은 전염을 의미한다. '사회적 거리두기'는 심화되어 공감의 상실을 낳는다. 그것은 정신적인 거리두기로 바뀐다. 이제 타자는 거리를 두어야 할 잠재적인 바이러스 감염자다. '사회적 거리두기'는 사회적 구별 행위로 이어진다.

오늘날 우리는 너무나 자아에 의해 지배되고 포획되고, 심지어 도취되어 있다. 더 강해지는 나르시시즘적 자아는 타자 안에서 가장 먼저 자기 자신을 만난다. 디지털 매체들 또한 타자의 소멸을 조장한다. 디지털 매체들은 **타자를 마음대로 할 수 있는** 대상으로 만들어 타자의 저항을 약화한다. 갈수록 우리는 타자의 다름을 지각할 능력을 잃어간다. 타자가 다름을 빼앗기면, 그 타자는 오로지 소비될 수 있을 뿐이다.

타자에 대한 감수성은 "고통에 이르기까지 자신을 노출하는" **"노출됨**Ausgesetztheit"[89]을 전제로 한다. 이 노출됨은 고통이다.[90] 이 시원적인 고통이 없을 때, 자아는 다시 고개를 들고 자신의 **독자성**Für-sich을 주장하며, 타자를 대상으로 사물화한다. 노출됨의 고통이 있을 때만 타자는 자아에 포획되는 일에서 벗어날 수 있다. 이 고통은 윤리

적이고 **초육체적인**_meta-physisch_ 고통으로서 내가 **나의** 고
통으로 지각하는 고통에 선행한다. 그것은 **타자를 향한** 고
통이며 근본적인 노출성으로서 자아의 어떤 수동성보다
더 수동적이다. 연민보다도 더 앞에 놓여 있는 노출됨의
고통은 자신으로의 안락한 복귀를, 자신 안에서의 만족을 불
가능하게 만든다.

할 수 있음 Das Können은 성과주체로서의 자아를 나타내
는 화법조동사다. 소비하기, 향유하기, 체험하기는 **할 수
있음**의 동의어다. 할 수 있음이 절대화되면 타자는 파괴된
다. 타자는 마음대로 할 수 없는 자로서 바로 **할 수 있음을
할 수 없음**Das Nicht-Können-Können의 고통 속에서 자신을
드러낸다. 타자에 대한 공감적 관계인 사랑은 "우리를 덮
치고 우리에게 상처를 입힌다."**91** 이에 반해 소비로서의
사랑은 어떤 상처도, 어떤 고통도 없이 이루어질 수 있다.
할 수 있음을 특징으로 하는 성과주체는 원칙적으로 상처
를 입을 수 없다. 성과주체는 **유연하기** 때문이다. 그러나
타자에 대한 감수성은 상처 입을 수 있음을 전제로 한다.
고통스런 상처는 **타자를 향한 시원적 열림**이다.

엘리아스 카네티는 나를 **상처 입을 수 있는 자**로 만드는

타자에 대한 무방비성을 "영혼의 나체성Seelennacktheit"이라고 부른다. 타자가 내게 안겨주는 **불안**은 이로부터 비롯된다. 이 불안은 타자에 대해 무관심할 수 없게 만든다. "그는 자신의 가련한 인간관계에 대해, 자기 마음속의 삶에 대해, 그리고 노년에 갈수록 더 다급하고 강렬하게 사랑하게 된 데 대해, 자신의 죽음에 대해서는 전혀 신경 쓰지 않는 대신, 가장 친밀한 사람들에 대해서는 줄곧 신경 쓰고 있다는 것에 대해 생각한다. 갈수록 '냉철한' 태도를 취하기가 어려워지고, 가장 가까운 사람들에 대해 전혀 무관심할 수 없다는 것에 대해, 그리고 숨쉬기, 느끼기, 통찰하기가 아닌 모든 것을 경멸한다는 것에 대해 생각한다. 하지만 그는 또한 자신이 타인들을 보지 않으려고 한다는 것, 새로 알게 된 사람은 누구든 그의 가장 깊은 내면까지 흥분시킨다는 것, 혐오나 경멸로도 이런 흥분을 가라앉힐 수 없다는 것, 완전히 무방비상태로 모든 이들에게 내던져지고 있다는 것(그 사람은 이를 모르지만), 그 사람으로 인해 전혀 안정을 찾을 수 없고, 잠을 잘 수도, 꿈을 꿀 수도, 숨을 쉴 수도 없다는 것에 대해서도 생각한다[…]."[92] 영혼의 나체성은 타인으로 인한 두려움으로 나타난다. 이 타인으로 인한 두려움을 통해 비로소 나는 내가 누구인지 알게 된다. "내가 두려움 속에서만 전적으로 나 자신인 것은 왜 그런가? 나는 두려움을 느끼도록 길러졌는가? 나는 두려움 속에서만 나를 인식한다. 일단 극복하고 나면 두려움은 희망이 된다. 하지만 그것은 타인으로 인한 두려움이다. 나는 내가 그들의 삶으로 인해 두려움을 느꼈던 그 사람들을 사랑했다."[93]

오늘날 영혼의 나체성, 노출됨, 타자로 인한 고통이 완전히 사라지고 있다. 우리의 영혼은 타자에 대해 완전히 무감각하고 둔감하게 만드는 굳은살로 온통 뒤덮인 듯하다. 디지털 거품 또한 우리를 타자로부터 점점 더 격리한다. **타인으로 인한 분명한 두려움**이 자신으로 인한 산만한 두려움으로 완전히 대체된다. 타자로 인한 두려움이 없으면 우리는 타자의 고통에도 전혀 접근할 수 없다.

마지막 인간

프랜시스 후쿠야마의 책《역사의 종말》은 공산주의의 몰락에 직면하여 자유주의적 민주주의를 편향되게 찬양하는 책이 아니다. 오히려 이 책은 줄곧 애매한 태도를 유지한다. 이 책의 마지막 장은 "마지막 인간"이라는 제목을 달고 있다. 이 장에 따르면 자유주의적 민주주의는 니체가 말한 "마지막 인간"으로 체현되는 진통사회를 낳는다. 이 사회는 지속적인 마취화를 실행한다. "때때로 약간의 독을 주입. 이렇게 하면 기분 좋은 꿈을 꾸게 된다. 그리고 마지막에는 기분 좋은 죽음을 위해 다량의 독을 주입 […] 낮에도 작은 쾌락을 누리고, 밤에도 작은 쾌락을 누린다. 그러나 건강을 섬긴다. 마지막 인간은 '우리는 행복을 발명했다'라고 말하면서 눈을 깜빡거린다."[94]

후쿠야마는 우월욕망Megalothymia, 다시 말해 우월함과 명성과 명예를 향한, 영웅적인 것으로 고양된 추구가 인간에게 본질적이라는 인간학적 가정에서 출발한다. 우월욕망은 또한 역사를 추동하는 힘이다. 그러나 자유주의적 민주주의에서는 강해지는 대등욕망Isothymia, 즉 동등함의 추구뿐만 아니라 편안함과 안전함을 향한 강화된 추구로 인해 우월욕망이 약화된다. 이를 통해 자유주의적 민주주의는 마지막 인간의 출현을 조장한다. "자유주의적 민주주의가 **우월욕망**을 삶에서 내쫓고 이를 합리적 소비로 대체할수록 우리는 '마지막 인간'이 되어간다."**95**

그러나 후쿠야마의 주장과는 달리 마지막 인간의 출현이 자유주의적 민주주의와 반드시 결부되어 있지는 않다. 오히려 마지막 인간은 **현대**의 고유한 현상이다. 마지막 인간은 자유주의적 체제를 선호하지 않는다. 전체주의적 정권과도 얼마든지 어울릴 수 있다. 오늘날 중국은 미국과 똑같이 마지막 인간으로 들끓는다. 어디서나 영웅주의는 쾌락주의에 밀려난다. 이런 이유에서 융어는 결연히 현대에 반대한다. 〈고통에 대하여〉에서 그는 마지막 인간의 시대를 종식시킬 것을 요구한다. "향유와 재화에 대한 **폭넓은** 참여도 번영의 한 징표다. [⋯] 여기서 우리는 대기를 마취의 기운으로 가득 채우는, 몽롱하고 고통이 없으며 기이하게 이완된 편안함을 감지한다. […] 개인들은 마찰의 가능성을 가로막는 충만한 안락함을 발견한다. […] 이에 더해 기술 수단들의 믿을 수 없는 확충은 순수한 쾌적함의 성격을 지니고 있다. 이 모든 것들이 오직 환하게 비추고, 따뜻하게 하고, 움직이게 하고, 즐겁게 하고, 황금의 강을 끌어오기 위해 만들어진 듯하다. 마지막 인간에 대한 예언은 신속하게 실현되었다. 그 예언은 정확했다. 마지막 인간이 가장 오래 산다는 마지막 문장만이 틀렸다. 마지막 인간의 시대는 이미 과거가 되었다."[96]

융어는 2000년을 염두에 두고 이렇게 쓴다. "니체가 예언한 마지막 인간은 이미 지나간 역사가 되었고, 비록 우리가 아직 도달하지는 못했지만 2000년은 벨러미가 그의 유토피아에서 묘사한 것과는 아주 다른 모습이 될 것임이 이미 확실해 보인다."[97] 여기서 융어는 벨러미의 소설 《뒤돌아보며, 혹은 2000년의 삶》에서 묘사되는 고통 없는 사회에 대해 말하고 있다. 그러나 융어는 분명 잘못 예측했다. 21세기는 바로 마지막 인간의 시대이기 때문이다. 융어가 내세운 양차 세계대전 사이의 영웅적 시대는 짤막한 에피소드에 불과했다. 21세기의 진통사회는 모든 영웅적 행동을 거부한다.

후쿠야마의 예측 또한 오류로 드러났다. 역사는 자유주의의 승리로 끝나지 않는다. 다름 아닌 우파 포퓰리즘과 독재가 지금 크게 유행하고 있다. 생존사회로서의 진통사회는 반드시 자유주의적 민주주의를 전제하지는 않는다. 팬데믹에 직면하여 우리는 생명정치적 감시권력을 향해 나아가고 있다. 서양의 자유주의는 바이러스 앞에서 분명히 실패하고 있다. 팬데믹에 맞서 싸우기 위해서는 개인들을 하나하나 관찰할 필요가 있다는 인식이 관철될 것이다. 개인에 대한 이 생명정치적 감시는 자유주의의 원칙들과 모순된다. 그러나 위생이 중시되는 상황에서 생존사회는 자유주의적 원칙들을 포기하도록 강요받을 것이다.

이제는 전체주의적 양상을 보이고 있는 디지털 감시권력은 이미 자유에 대한 자유주의적 관념을 궤멸시키고 있다. 인간의 인격이 이윤을 낳는 데이터 기록으로 강등된다. 오늘날 자본주의는 감시자본주의로 바뀌고 있다.[98] 감시는 자본을 낳는다. 우리는 디지털 플랫폼들에 의해

상시적으로 감시되고 조종된다. 우리의 생각과 감정과 의도가 선별되고 착취된다. 사물인터넷은 감시를 실제 삶으로 확장한다. 웨어러블 장치들도 우리의 몸을 상업적 활용에 내맡긴다. 우리는 알고리즘의 끈에 의해 꼭두각시처럼 조종된다. 빅데이터는 심리정치적 도구로서 인간의 태도를 예측하고 조종할 수 있는 것으로 바꾼다. 디지털 심리정치는 우리를 자유의 위기로 몰아넣는다.[99]

인구조사가 이루어지던 시대에는 아직 데이터 수집에 대한 격렬한 저항이 있었다. 사람들은 인구조사 뒤에 시민의 자유를 위협하는 감시국가가 숨어 있다고 생각했다. 그러나 오늘날 되돌아보면 당시에 수집되던 데이터들은 학력과 직업 혹은 종교와 같은 비교적 사소한 것들이었다. 그런데도 학생들까지 격렬한 시위에 나섰다. 반면 지금 우리는 내밀한 개인적 데이터들까지 자발적으로 내놓고 있다. 강제가 아니라 내적 욕구에 따라 우리는 스스로 옷을 벗는다. 우리를 구석구석 철저히 들여다보는 것을 허락한다. 지배는 자유와 일치하는 순간 완성된다. 여기서 자유의 변증법이 일어난다. 자유의 표현인 무한한 소통이 총체적 감시로 변한다.

어차피 진행되고 있으며 어떤 저항에 의해서도 방해받지 않는 대규모의 디지털 감시가 바이러스 앞에서는 중단될 이유가 있겠는가? 팬데믹은 지금까지 디지털 감시를 생명정치적으로 개인에게까지 확장하는 것을 막아왔던 규범적 장벽을 무너뜨릴 것이다. 나오미 클라인에 따르면 충격은 새로운 지배체제를 정착시키는 데 유리한 순간을 만들어낸다. 팬데믹의 충격은 결국 몸에 대한 개입을 허용하는 생명정치적 감시정권이 전 세계적으로 관철되는 결과를 낳을 것이다. 디지털 생명정치만 해도 이미 자본주의가 팬데믹에 의해 손상되지 않도록 해줄 것이다. 디지털 생명정치는 체제의 빈틈을 메꾼다. 그러나 생명정치적 감시정권은 자유주의의 종말을 의미한다. 자유주의는 하나의 에피소드로 남게 될 것이다.

마지막 인간은 자유주의적 민주주의의 수호자가 아니다. 그는 자유보다 안락함을 더 높은 가치로 간주한다. 자유에 대한 자유주의적 이념을 궤멸시키는 디지털 심리정치는 마지막 인간의 평안함을 방해하지 않는다. 그리고 마지막 인간의 건강 히스테리는 그가 자신을 영구적으로 감시하도록 한다. 그는 자기 안에 **내면의 독재**를, **내면의 통제정권**을 구축한다. 내면의 독재가 생명정치적 감시와 일치할 때, 이 감시는 더 이상 억압으로 지각되지 않는다. 감시가 건강의 이름으로 이루어지기 때문이다. 이렇게 마지막 인간은 생명정치적 정권하에서 자신이 자유롭다고 느낀다. 지배와 자유가 여기서 다시 일치에 도달한다.

니체는 이미 고통에 적대적인 진통사회가 도래할 것을 알고 있었다. "'무통無痛의 황금 구름으로 자신을 에워싸는 때가 결국은 온다. 영혼이 자신의 피로를 즐기고, 자신의 끈기를 가지고 끈기 있게 유희하면서 행복을 느끼는 가운데 바다의 파도를 닮는 그런 때가 온다. 고요한 여름날, 다채롭게 물든 저녁 하늘의 찬란한 빛을 반사하면서 해변에서 찰랑거리고 찰랑거리다가 다시 잠잠해지는 파도 말이다. 끝도, 목적도, 만족도, 욕망도 없이, 변전變轉을 즐겁게 바라보는 완벽한 고요, 자연의 맥박에 맞춘 온전한 썰물과 밀물.' 이것이 모든 병든 자들의 감정이고 말Rede이다. 그러나 그들이 이런 순간에 도달하면, 잠시의 즐거움 후에 지루함이 찾아온다."[100] 후쿠야마는 참을 수 없는 지루함으로 인해 인간이 다시 역사를 가동하고, 마지막 인간의 사회가 동물적인 최초의 인간의 사회로, 무절제한 우월욕망의 사회로 대체될 가능성도 고려했다.[101] 과거로의 이러한 퇴행은 일어나지 않을 것이다.

우리 앞에 있는 것은 전혀 다른 미래다. 마지막 인간 또한 그의 지루함과 함께 극복될 포스트휴먼 시대가 우리의 미래가 될 것이다.

트랜스휴머니스트 데이비드 피어스는 《쾌락주의의 명령》에서 고통 없는 미래를 선포한다. "앞으로 1천 년 안에 고통의 생물학적 전제조건들이 완전히 소멸될 것이다. 진화사적으로 '육체적 고통'과 '심리적 고통'은 사라지도록 정해져 있다."[102] 사랑의 고통, "전통적인 사랑의 형태들이 보여준 영혼을 파괴하는 잔인함"[103]도 극복되어야 한다. 트랜스휴머니즘의 목표는 "모든 것에 스며드는 숭고한 행복"에 있다. 트랜스휴머니즘은 마지막 인간을 제치고 나아간다. 피어스는 마지막 인간 또한 여전히 너무 인간적이기 때문이라고 할 것이다. 마지막 인간은 지루함에 지독하게 시달린다. 트랜스휴머니스트는 지루함 또한 생명공학적 수단으로 제거하게 될 것이라고 예상한다. "아직 인류가 상상하기는 어려운 일이지만, 몇 세대 지나지 않아 지루함이라는 경험은 신경생리학적으로 불가능하게 될 것이다. 니체는 '지루함은 신들도 싸워 이길 수 없는 것이다'라고 말했다. 물론 그는 생명공학의 가능성을 전혀 예감하지 못했다."[104]

행복이 영구히 지속되는 고통 없는 삶은 더 이상 인간적인 삶이 아닐 것이다. 삶의 부정성을 억압하고 내쫓는 삶은 스스로를 제거한다. 죽음과 고통은 서로 뗄 수 없다. 고통 속에서 죽음이 선취된다. 모든 고통을 제거하려는 자는 죽음 또한 없애야 할 것이다. 그러나 죽음과 고통이 없는 삶은 인간의 삶이 아니라 좀비의 삶이다. 인간은 살아남기 위해 자신을 철폐한다. 인간은 불멸에 도달할 수도 있겠지만, **삶을 그 대가로 치러야 할 것이다.**

1   Ernst Jünger, Über den Schmerz, in: Sämtliche Werke, Essays I, Band 7, München 1980, 143-191면, 여기서는 145면.

2   Chantal Mouffe, Agonistik. Die Welt politisch denken, Berlin 2014 참조.

3   Barbara Ehrenreich, Smile or Die. Wie die Ideologie des positiven Denkens die Welt verdummt, München 2010 참조.

4   Eva Illouz und Edgar Cabanas, Das Glücksdiktat. Und wie es unser Leben beherrscht, Berlin 2019 참조.

5   David B. Morris, Geschichte des Schmerzes, Frankfurt a. M. 1996, 103면.

6   Marcus Woeller, Gefälligkeiten machen sich bezahlt, in: WELT 2019년 5월 18일자.

7   Byung-Chul Han, Errettung des Schönen, Frankfurt a. M. 2015 참조.

8   Astrid Mania, Alles wird Pop, in: Süddeutsche Zeitung 2020년 2월 8/9일자.

9   Theodor W. Adorno, Ästhetische Theorie, Gesammelte Schriften, R. Tiedemann 편, Band 7, Frankfurt a. M. 1970, 274면.

10 Theodor W. Adorno, Noten zur Literatur, Gesammelte Schriften, Band 2, Frankfurt a. M. 1974, 114면.

11 Martin Heidegger, Parmenides, Gesamtausgabe, Band 54,

Frankfurt a. M. 1982, 249면.

12 Adorno, Ästhetische Theorie, 490면.

13 Michel Foucault, Überwachen und Strafen. Die Geburt des Gefängnisses, Frankfurt a. M. 1977, 15면.

14 Jünger, Über den Schmerz, 164면 이하.

15 위의 책, 159면.

16 위의 책, 165면.

17 Aldo Palazzeschi, Der Gegenschmerz, in: Christa Baumgarth, Geschichte des Futurismus, Reinbek 1966, 255-260면, 여기서는 257면.

18 Jünger, Über den Schmerz, 158면.

19 위의 책, 159면.

20 Ehrenreich, Smile or Die, 206면.

21 Theodor W. Adorno, Negative Dialektik, Frankfurt a. M. 1966, 29면.

22 Friedrich Nietzsche, Fröhliche Wissenschaft, Kritische Studienausgabe in 15 Bänden, G. Colli / M. Montinari 편, München 1999, Band 3, 567면.

23 Friedrich Nietzsche, Nachgelassene Fragmente 1880-1882, Kritische Studienausgabe, Band 9, 641면.

24 Giorgio Agamben, Homo sacer. Die souveräne Macht und das nackte Leben, Frankfurt a. M. 2002 참조.

25 Byung-Chul Han, Kapitalismus und Todestrieb. Essays und Interviews, Berlin 2019 참조.

26 Ivan Illich, Die Nemesis der Medizin. Die Kritik der Medikalisierung des Lebens, München 2007, 104면.

27 Jean Starobinski, Kleine Geschichte des Körpergefühls, Frankfurt a. M. 1991, 118면.

28 Helmut Lethen, "'Schmerz hat keinerlei Bedeutung'(Paul Valéry) Oder: Gibt es Ereignisse, die den Kulturwissenschaften den Atem verschlagen?", in: Wo ist Kultur? Perspektiven der

Kulturanalyse, Th. Forrer / A. Linke 편, Zürich 2014, 37-56면, 여기서는 42면.

29 Paul Valéry, Monsieur Teste, M. Rychner 역, Leipzig/Weimar 1980, 29면.

30 Theresia von Jesu, Das Leben der heiligen Theresia von Jesu, Sämtliche Schriften der heiligen Theresia von Jesu, Band 1, München 1931, 281면.

31 Starobinski, Kleine Geschichte des Körpergefühls, 136면.

32 Walter Benjamin, Denkbilder, in: Gesammelte Schriften, R. Tiedemann / H. Schweppenhäuser 편, IV.1, Frankfurt a. M. 1971, 305-438면, 여기서는 430면.

33 Walter Benjamin, Gesammelte Schriften, Band VI, Frankfurt a. M. 1985, 83면.

34 Starobinski, Kleine Geschichte des Körpergefühls, 137면 이하.

35 Odo Marquard, Skepsis und Zustimmung. Philosophische Studien, Stuttgart 1994, 99-109면 참조.

36 Jünger, Über den Schmerz, 152면.

37 위의 책, 158면.

38 Andrew H. Knoll, Life on a Young Planet, Princeton 2003, 41면.

39 Jünger, Über den Schmerz, 158면.

40 위의 책, 156면.

41 Viktor von Weizsäcker, Die Schmerzen, in: Der Arzt und der Kranke. Stücke einer medizinischen Anthropologie, Gesammelte Schriften, Band 5, Frankfurt a. M. 1987, 27-47면, 여기서는 27면.

42 위의 책, 35면.

43 위의 곳.

44 위의 곳.

45 Alain Badiou, Lob der Liebe, Wien 2011, 15면.

46 von Weizsäcker, Die Schmerzen, 34면.

47 Illich, Die Nemesis der Medizin, 109면.

48 Max Brod / Franz Kafka, Eine Freundschaft. Briefwechsel, Malcolm Pasley 편, Band 2, Frankfurt a. M. 1989, 377면 이하.

49 Stefan Zweig, Der Snob, der den Tod besiegte. Marcel Prousts tragischer Lebenslauf, in: ZEIT 1954년 1월 21일자.

50 Heinrich Kreissle von Hellborn, Franz Schubert, Wien 1865, 334면.

51 Nietzsche, Fröhliche Wissenschaft, 105면.

52 Friedrich Nietzsche, Die Geburt der Tragödie aus dem Geist der Musik, Kritische Studienausgabe, Band 1, 57면.

53 Friedrich Nietzsche, Götzen-Dämmerung, Kritische Studien-ausgabe, Band 6, 160면.

54 2012년 7월 12일, ZEIT 인터뷰.

55 Georg Wilhelm Friedrich Hegel, Enzyklopädie der philoso-phischen Wissenschaften im Grundrisse 1830, Dritter Teil, Die Philosophie des Geistes, Werke in zwanzig Bänden, E. Moldenhauer / K. M. Michel 편, Frankfurt a. M. 1970, Band 10, 27면.

56 위의 책, 26면.

57 Georg Wilhelm Friedrich Hegel, Phänomenologie des Geistes, Hamburg 1952, 30면.

58 위의 곳.

59 Nietzsche, Fröhliche Wissenschaft, 349면.

60 위의 책, 350면.

61 Friedrich Nietzsche, Nietzsche contra Wagner, Kritische Studienausgabe, Band 6, 436면.

62 Friedrich Nietzsche, Nachgelassene Fragmente 1887-1889, Kritische Studienausgabe, Band 13, 630면.

63 Friedrich Nietzsche, Nachgelassene Fragmente 1885-1887, Kritische Studienausgabe, Band 12, 113면.

64 Martin Heidegger, Zu Ernst Jünger, Gesamtausgabe, Band 90, Frankfurt a. M. 2004, 436면.

65 Jünger, Über den Schmerz, 145면.

66 Heidegger, Zu Ernst Jünger, 439면.

67 Martin Heidegger, Bremer und Freiburger Vorträge, Gesamtausgabe, Band 79, Frankfurt a. M. 1994, 57면.

68 Martin Heidegger, Sein und Zeit, Tübingen 1979, 137면.

69 Martin Heidegger, Vorträge und Aufsätze, Pfullingen 1954, 137면.

70 Martin Heidegger, Der Satz vom Grund, Pfullingen 1978, 91면.

71 Martin Heidegger, Unterwegs zur Sprache, Pfullingen 1959, 169면.

72 위의 책, 216면.

73 Martin Heidegger, Gelassenheit, Pfullingen 1985, 71면.

74 Martin Heidegger, Zum Ereignis-Denken, Gesamtausgabe, Band 73.1, Frankfurt a. M. 2013, 735면.

75 Martin Heidegger, Holzwege, Frankfurt a. M. 1950, 254면.

76 Heidegger, Vorträge und Aufsätze, 177면.

77 Martin Heidegger, Erläuterungen zu Hölderlins Dichtung, Gesamtausgabe, Band 3, Frankfurt a. M. 1981, 146면.

78 Heidegger, Unterwegs zur Sprache, 235면.

79 Heidegger, Holzwege, 36면.

80 Martin Heidegger, Hölderlins Hymne "Andenken", Gesamtausgabe, Band 52, Frankfurt a. M. 1982, 128면.

81 Martin Buber, Urdistanz und Beziehung, Heidelberg 1978 참조.

82 Martin Heidegger, Aus der Erfahrung des Denkens 1910-1976, Gesamtausgabe, Band 13, Frankfurt a. M. 1983, 94면.

83 Jünger, Über den Schmerz, 185면.

84 위의 책, 182면.

85 위의 책, 183면.

86 위의 책, 184면.

87 위의 곳.

88 Susan Sontag, Das Leben anderer betrachten, München 2003,

Klappentext.

89 Emmanuel Lévinas, Jenseits des Seins oder anders als Sein geschieht, Freiburg/München 1992, 51면.

90 위의 책, 132면.

91 Emmanuel Lévinas, Die Zeit und der Andere, Hamburg 1984, 56면.

92 Elias Canetti, Das Geheimherz der Uhr. Aufzeichnungen 1973–1985, München 1987, 191면.

93 위의 책, 44면.

94 Friedrich Nietzsche, Also sprach Zarathustra. Ein Buch für Alle und Keinen, Kritische Studienausgabe, Band 4, 20면.

95 Francis Fukuyama, Das Ende der Geschichte. Wo stehen wir?, München 1992, 416면.

96 Jünger, Über den Schmerz, 155면.

97 위의 책, 152면.

98 Shoshana Zuboff, Das Zeitalter des Überwachungskapitalismus, Frankfurt a. M. 2018.

99 Byung-Chul Han, Psychopolitik. Neoliberalismus und die neuen Machttechniken, Frankfurt a. M. 2014.

100 Friedrich Nietzsche, Menschliches, Allzumenschliches I und II, Kritische Studienausgabe, Band 2, 520면.

101 Fukuyama, Das Ende der Geschichte, 441면.

102 David Pearce, The Hedonistic Imperative, 1995, 서문 1절.

103 위의 책, 1장 8절.

104 위의 책, 4장.

고통이란 우리의 몸과 마음에 어떤 해결해야 할 문제가 발생했음을 불쾌한 감각, 감정 등으로 알려주고 문제의 해결을 촉구하는 경고 신호라고 정의할 수 있을 것이다. 이 경고가 적절히 작동하여 문제를 해결하려는 행동을 확실히 낳으려면 고통은 분명히 느껴지고 의식되어야 한다. 고통의 강도는 해결해야 할 문제의 심각성, 시급성에 비례해야 할 것이다.

고통이라는 신호가 부재하거나 제대로 작동하지 않거나 무시되면 그 신호가 가리키는 문제는 시간이 갈수록 더 심각해지고, 결국 치명적인 사태까지 초래할 수 있다. 따라서 고통은 우리의 생명과 건강에 필수적이다.

과거에는 직접적인 고통이 지배수단으로 사용되었다.

중세의 고문이 대표적인 사례다. 근대사회로 넘어오면서 고문은 규율로 대체되었다. 처벌을 통한 통제 대신 규율을 통한 통제로 사회가 요구하는 개인들을 만들어내게 된 것이다. 이런 규율사회는 오늘날 성과사회로 다시 바뀐다. 성과사회는 행복을 추구하는 개인들이 자신을 착취하게 한다. 성과사회에 와서 지배의 비용은 최소화된다. 굳이 권력장치들을 운용하지 않아도, 굳이 고통을 수반하는 조치를 취하지 않아도 개인들이 자발적으로 체제에 맞게 행동하기 때문이다.

저자에 따르면 성과사회에서 살아가는 우리는 오늘날 이렇게 스스로를 착취하면서도 이로 인한 고통을 부정하거나 회피하려고 한다. 고통을 건강을 위한 필수적인 기능이 아니라 그 자체 부정적인 것으로 간주한다. 고통은 약함의 징후로 여겨져서 부정되고 억압되고 은폐해야 하는 것으로 취급된다. 고통을 문제에 대처하기 위해 필요한 신호로서 이해하지 않고 전적으로 나쁘기만 한 것으로 간주할수록 고통 자체를 회피하려는 욕망은 강화되고, 우리는 작은 고통에도 더 민감하게 반응한다. 이 민감성이 강화될수록 우리가 체감하는 고통은 오히려 커지며, 이에 따라 고통을 회피하려는 욕망이 더 커지는 악순환이 발생한다.

고통을 회피하는 기술은 의학이 담당한다. 그래서 오늘날 고통은 오로지 의학적 문제로 취급된다. 고통을 억제하거나 제거하는 것을 목표로 삼는 의학은 고통의 원인은 그대로 둔 채 고통 자체만을 완화하거나 제거하는 데 집중하며, 이를 위해 진통과 마취의 방법을 적용한다.

저자에 따르면 이런 의학과 같은 기능을 하는 것이 "긍정심리학"이다. 긍정적인 마인드를 세계에 대한 가장 적절한 대응으로 여기는 긍정심리학은 고통을 초래한 현실적인 원인을 제거하는 대신 심리적 조작을 통해 고통을 느끼지 못하게 만든다. 동기부여 등으로 고통을 덮는 방법을 권장하며, 심리적 조작으로 문제를 해결할 수 없는 경우에는 진통제를 투입한다. 이렇게 긍정심리학은 고통의 원인을 은폐하는 결과를 낳으며, 우리를 진실로부터 격리시킨다. 긍정심리학이 의도하는 것은 우리를 가상의 매트릭스 안의 고통 없는 상태로 집어넣는 것이다.

이런 긍정심리학은 모든 고통의 원인을 개인 안에서 찾는다. 그럼으로써 고통의 사회적 원인을 은폐한다. 모든 고통은 너의 마음이 잘못되어서 생긴 것이니 너의 마음만 고치면 모든 고통이 사라질 것이라는 것이 긍정심리학의 제1 명제다. 이런 긍정심리학은 고통의 원인인 사회적 문제를 인식하지 못하게 하여 결국 사회적 문제를 해결하는 것을 방해한다. 사회적 갈등이나 대결은 일반적인 고통과 마찬가지로 사회에 해결해야 할 문제가 있음을 알려주는 징후들임에도 불구하고 갈등과 대결 자체를 악으로 보고 그것들을 억압하면 그것들을 초래한 문제들은 해결되지 않고 갈수록 심화된다.

그러나 긍정심리학은 고통을 온전히 제거할 수 없다. 집중적이고 전면적인 고통을 산만하고 흐릿한 만성적인 고통으로 대체할 뿐이다. 그리고 이런 고통은 우울을 낳는다. 고통은 일시적으로 억압될 수는 있지만, 고통의 원인이 제거되지 않는 한 결코 사라지지 않는다.

이렇게 우리는 문제의 징후인 고통을 회피하고 안락함과 쾌적함을 직접 추구함으로써 문제의 해결에서 멀어진다. 안락함과 쾌적함은 익숙한 것 안에 머물 때 가능하며, 이질적이거나 낯선 것은 내게 익숙하지 않기 때문에 거부된다. 사회 안에는 이질적인 경험과 특성을 지닌 개인 및 집단들이 있기 마련인데, 이런 "타자들"은 나의 안락함을 방해한다는 이유로 거부되고 기피된다. 안락함이 목적일 때, 우리는 경험의 확장도, 세계에 대한 인식의 깊이도, 이질적인 타인에 대한 공감도 원하지 않는다. 안락함의 온실 속에 머무르면서 바깥 세상이 온실 안으로 침범해 들어오지 않기를 원할 뿐이다. 온실 바깥을 경험하는 것을 회피해야 할 고통으로 생각하기 때문이다. 자신만의 온실에 머무르려는 욕망은 개인들을 자기중심적이고 나르시시즘적으로 닫힌 공간 안에 고립시키고 개인들 사이의 공감과 연대를 막으며, 이로써 사회 변화의 동력을 억압한다. 그러나 실제로 이런 온실 안에 머무를 수 있는 사람은 소수에 지나지 않는다. 대부분 사람은 자신이 머무르기 원하는 온실을 지켜낼 수 없다. 그래서 의학과 긍정심리학에 마음의 조작과 진통 기술로 실재하는 고통에 대한 감각을 무력화하는 일을 맡기는 것이다.

저자는 팬데믹이 이런 개인들의 연대 상실과 고립을 심화시킨다고 지적한다. 팬데믹은 죽음에 대한 공포를 낳고, 우리의 관심을 생존에 집중시킨다. 팬데믹의 상황에서는 죽음을 막기 위해서라면 여타의 모든 고통을 감수해야 한다는 사회적 동의가 이루어진다. 삶의 의미는 오로지 죽음이 아니라는 것으로 위축된다. 긍정심리학이 만들어낸 고통 없는 매트릭스의 가상은 깨어지지만, 현실 감각의 복구에도 불구하고 좋은 삶과 나쁜 삶의 구별은 죽음이라는 위협 앞에서 관심 밖으로 밀려난다. 좋은 삶에 필요한 사회적 교류도 기꺼이 희생된다. 이런 팬데믹의 상황은 자본주의가 추구하는 속도를 방해하지만, 자본주의 바깥의 새로운 질서를 만들어내지는 못한다.

개인들이 공감과 연대로부터 더 멀어지고 서로 격리되기 때문이다. 자본주의는 잠시 느려지고 제한될 뿐이다.

상품미학은 우리의 안락함 추구에 영합하고 이런 추구를 강화한다. 자본주의 안에서 상품은 판매량의 증가라는 목적에 종속되어 있고, 판매량을 증가시키려면 최대 다수 구매자들의 취향에 부합해야 한다. 따라서 상품 미학은 진정 새로운 미적 대상을 창조하는 데는 관심이 없다. 다만 기존 취향의 안전한 틀 안에 머무르면서도 추가적인 구매를 유발하기 위해 가짜 새로움을 연출할 뿐이다. 이런 새로움은 "동일한 것의 변주"(15쪽)에 불과하다.

이렇게 고통에 민감하여 고통을 회피하려는 욕망을 강하게 느끼는 사람은 사랑도 할 수 없다. 사랑은 나와 이질적인 타자와의 관계에서 생겨나는 것인데, 이런 타자의 이질성은 내가 마음대로 처리할 수 없고, 그래서 내 욕망의 직접적 실현을 방해하거나 욕망과 충돌함으로써 내게 고통을 주기 때문이다.

고통의 억압과 은폐는 모든 변화와 발전과 창조의 가능성을 차단한다. 이는 예술과 관련해서도 마찬가지다. 창조는 기존의 것에 대한 불만과 결핍의 의식을 전제로 한다. 기존의 것에 만족한다면 새로운 것을 창조할 필요가 없다. 예술은 인간의 창조적 능력이 가장 전형적으로 나타나는 영역이다. 기존의 것에 부합하지 않는 새로운 것은 우리를 당황하게 만들고 불쾌하게 하며 교란시킨다. 이렇게 하는 것에 예술의 존재 이유가 있다. 예술적 창조력 또한 현실에 대한 불만과 결핍의 의식에서 비롯되는 것이므로, 예술은 이런 불만과 결핍의 의식 없이는 창조력을 상실하고 만다. 고통과 예술의 이런 관계를 알고 있던 예술가들은 자신의 예술적 창조를 위해 고통을 필요로 했고, 그래서 프루스트는 "고통이 나를 떠난다는 것은 생각만 해도 싫은 일이다"(56쪽)라고 말한다. 그런데 우리 시대에 예술은 수용자에게 만족과 즐거움을 줄 것을 요구받는다. 예술 시장에서 그런 쾌감을 주는 작품들이 선호되기 때문이다. 이런 예술은 존재 이유를 상실한다.

물론 고통이 예술적 창조를 낳는다고 해서 곧바로 고통 자체를 옹호할 수는 없다. 고통은 창조와 발전의 동력이다. 그러나 창조와 변화와 발전이 그 자체로서 절대적인 목적인지는 불확실하다. 저자가 말하는 대로 헤겔은 고통을 통해서만 정신의 발전이 가능하다고 했고, 고통이 없다면 예술적 창조도 없을 것이다. 따라서 만일 창조와 발전이 그 자체로서 긍정적인 가치라면 창조와 발전의 계기인 고통은 제거되어야 하는 것이 아니라 지속되어야 하는 것이다. 하지만 거꾸로 창조와 발전이 고통의 극복 혹은 제거라는 목적을 위한 수단이라면 고통 자체를 정당화할 근거는 사라진다.

그러나 이런 논의는 비현실적인 탁상공론에 지나지 않을 것이다. 현실에서 모든 문제가 사라지는 것은 기대할 수 없다. 변화는 새로운 문제를 낳고, 새로운 문제는 새로운 고통을 낳기 마련이다. 따라서 고통도 예술도 삶의 지속적인 동반자이며, 지속적인 변화의 동력이다. 일반적으로 예술은 실제적 문제에서 비롯되는 고통에 주목함으로써 그 문제를 고발하고 해결을 요구한다. 고통을 외면하는 태도는 예술에 대해서도 적대적이다.

고통의 사회적 원인에 대한 의식을 무력화하고 모든 고통을 개인의 문제로 환원시킨 후 개인의 고통을 조작과 은폐를 통해 제거하는 것이 성과사회의 고통 처리 방식이라는 저자의 주장은 개인들이 소마라는 알약을 복용하게 함으로써 현실과 무관한 행복감에 젖어 살아가게 하는 올더스 헉슬리의 '멋진 신세계'를 떠올리게 한다. 그러나 우리가 의식하지 못하는 사이에 헉슬리의 디스토피아가 이미 도래했다고 보는 것은 과장된 판단일 것이다. 한국인의 행복지수는 경제력과 심각하게 어울리지 않는 정도로 낮으며, 한국의 자살률은 OECD 국가 가운데 1위를 기록하고 있다. 고통을 성공서사에 편입시키려는 모든 시도들에도 불구하고 고통은 분명히 체감되고 있는 것이다. 아직 디스토피아는 도래하지 않았다. 고통에 대한 강한 의식이 존재하는 한, 한국은 여전히 희망이 있는 나라라는 역설적인 판단은 아마도 틀리지 않을 것이다.

고통 없는 사회
왜 우리는 삶에서 고통을 추방하는가

1판 1쇄 발행 2021. 4. 15.
1판 4쇄 발행 2023. 11. 10.

지은이 한병철
옮긴이 이재영

발행인 고세규
편집 강영특 디자인 홍세연 마케팅 신일희 홍보 홍지성
발행처 김영사
등록 1979년 5월 17일 (제406-2003-036호)
주소 경기도 파주시 문발로 197(문발동) 우편번호 10881
전화 마케팅부 031)955-3100, 편집부 031)955-3200 팩스 031)955-3111

값은 뒤표지에 있습니다.
ISBN 978-89-349-8835-9 03100

홈페이지 www.gimmyoung.com 블로그 blog.naver.com/gybook
인스타그램 instagram.com/gimmyoung 이메일 bestbook@gimmyoung.com

좋은 독자가 좋은 책을 만듭니다.
김영사는 독자 여러분의 의견에 항상 귀 기울이고 있습니다.